U0047776

關於愛與婚姻的練習

幸福馬拉松

何戎 著

獻給我的最愛

Kelly 何太

Chapter

1 從我到我們

Chapter 4　機智的婚姻生活 ⋯⋯⋯⋯⋯ *188*

謝謝我們成為一家人

Kelly 何太 / 主持人、品牌顧問

以婚姻來計算，我們結婚 21 年，如果一年算一公里，剛好是何戎熱愛的馬拉松運動當中的一個項目「半馬」，這 21 年成就這本書《幸福馬拉松》，在書中，何戎以人夫的角度娓娓道來他在婚姻當中的經歷與學習，真情的筆觸公開他很少流露的男人心事，由男性角度道出婚姻的酸甜苦辣。何戎在書中有著很真實的分享，不只有大家平日看到幸福快樂的一面，也有男人很掙扎、挫折的時候。

我很感謝何戎把我當成他的人生教練，他同樣也是我的人生教練，婚姻可以造就一對夫妻、一個家。當年我們戀愛結婚，沒想到婚後光是溝通的方法不同，就讓我們彼此跌撞

多年，當雙方百分百的呈現真我，婚姻太可能是男女雙方的「照妖鏡」，我曾失望的覺得自己快變千山老妖，也要謝謝何戎的不離不棄，原來我的苦口婆心（原本不中聽的話語），在若干日子或數年後才獲得夫君真心接納的寶貴心意。幸好，攜手走過 21 年，他終究不忍把老婆變成老妖（大笑）。

我們在大學時就認識了，我大學畢業後與他交往 5 年，再加上 21 年的婚齡，前後近 30 年的時光飛逝，如今的何戎，一如當年我所認識的他，他很努力認真，十足善良正直。這款優質男子進入婚姻，有好多年的時間，都自許當一名完美男人。天知道！老公時刻想完美，老婆會變「亡美」嗎？真實的生活讓我們開始學習、接納人與事都不必然要完美。人不完美，但我們仍然喜愛，學會彼此包容接納；事不完美，只要團結一心，更有空間成長，不完美的故事或許更勵志動人。

我們從原本各自堅守自己堡壘的愛侶，你不聽我，我不讓你，各自以為自己才對的「史密斯夫妻」，而今成為舉著對方堡壘旗幟的夥伴。在婚姻的路上，我發現我們都改變了，不知不覺中，我覺得自己更想像他，而他竟說他更想像我，

我願自己試著以人妻的角度，再更加聽懂對方的渴望，成全對方心中的願景。婚姻中，我們一起跑了半馬，我想繼續陪著何戎長跑。我知道何戎需要我，孩子需要我，我願意成為他們的陪伴與鼓勵者，也希望不完美的 Kelly 依然是家中快樂的老婆與媽媽，努力自己找快樂，謝謝我們成為一家人。

「一起出發、一起到達」的幸福馬拉松

臺灣大學管理學院教授 郭瑞祥

認識何戎跟 Kelly 已經超過 10 年了，他們是我所認識的夫妻檔中極為恩愛的一對夫婦，除了一起工作，也一起服事，更一起見證婚姻的美好。本書的出版，相信對所有準備結婚以及正在婚姻中的我們，都是一本具有參考價值的書。書中所敘述的道理都是他們在婚姻相處之中所體會的智慧，不只有屬人的智慧，更有屬天的智慧。

本書的書名是《幸福馬拉松》，幸福的祕訣是「一起出發、一起到達」。

結過婚的人都知道，婚姻不像是短跑一樣，只需要短暫

的衝勁就可以到達終點。事實上，在這場漫長的馬拉松之旅，夫妻可能經歷各種的氣候、地形，有可能無力、有可能摔倒、有可能軟弱、有可能放棄，所以能堅持下去，是因為掌握幸福馬拉松的祕訣「一起出發，一起到達」。

　　「一起出發，一起到達」的第一個解讀是夫妻之間要成為對方的隊友跟朋友，夫妻是對方的伴侶，在這旅程中，要為對方鼓勵、要為對方包容、要為對方忍耐，正如聖經上所說：「愛是恆久忍耐；又有恩慈；愛是不嫉妒；愛是不自誇，不張狂，不做害羞的事，不求自己的益處，不輕易發怒，不計算人的惡，不喜歡不義，只喜歡真理；凡事包容，凡事相信，凡事盼望，凡事忍耐。」

　　「一起出發，一起到達」的第二個解讀是要有第三者，要「與神同行」，讓上帝成為我們的中保。婚姻相處當中難免都會有自己的主觀意識，與神同行才能夠讓我們放下自我，能夠看重對方，能夠為對方的好處而思考。因此與神同行的意義就是從婚姻開始就有神的祝福「一起出發」，再有神的智慧「一起到達」，共同走過死蔭的幽谷，來到應許之地。

　　《幸福馬拉松》不僅是一本好的參考書，更引領我們能

從神的角度，來看到婚姻設立的目的。祝福所有的讀者能夠在這本書中領會婚姻相處的智慧之道，共同完成婚姻的幸福馬拉松。

一起在愛中改變與成長

《新娘物語》董事長、發行人 謝冠雄、伍安怡

從 2006 年開始，何戎受《新娘物語》雜誌邀請，撰寫夫妻婚姻相關的專欄。當時我們知道他是一位知名且具有好形象的電視主播及節目主持人，他與太太 Kelly 是一對有基督信仰及恩愛的夫妻，還有兩個小孩，期望他在專文表達婚姻關係中，難得聽到的男人聲音。

16 年來，他演藝及主持事業的成就愈來愈廣，但他更用心經營婚姻及子女關係，不間斷地以一篇篇專欄文章，懇實真切地記載他身為老公在婚姻體驗中給他的感想、心得、反思及功課。今天他盼望多年，這些愛情、婚姻及家庭的文字終於出版成書，實現了他對 Kelly 的諾言，《幸福馬拉松》是

他下定決心開始行動的奇蹟，也是所有讀者的福氣。

今年正值何戎與 Kelly 結婚 21 年週年，這本書是他們夫妻婚姻及愛情的見證。我們很榮幸認識他們夫妻及小孩，這麼多年來，我們也是他們成功婚姻經營的見證人。

作者累積 21 年婚姻生活的心得，造就本書的特色：

廣泛的題材：婚姻前自我認知，夫妻溝通方法，姻親朋友相處，機智婚姻家庭生活。

豐富的個例：作者將婚姻生活衝突的例子，真實地陳述，分享如何面對及克服心得。

實用的練習：每一篇最後有小小練習，十分有趣及實用。

今年是我與安怡結婚 42 週年，讀《幸福馬拉松》時，我們感同身受他們婚姻的體會，更有許多智慧的珠玉良言，讓我們感動於心，行動於外。例如：

「當你願意開始改變，你的另一半也會開始跟著改變。」

「婆媳問題也沒這麼難處理，解決的關鍵人物是兒子。」

「任何的婚姻，多數決定這個婚姻是否繼續維繫的關鍵，通常是在太太，而非先生。明白了這個道理，身為人夫怎能不戒慎恐懼？」

「什麼是真正的愛？簡單地說就是，不是站在自己的立場，而是以對方的需要為出發點去愛對方。」

「愛，是要做在對方的需要上。」

尤其是讀到「神奇的 1 分鐘」這一篇，何戎與 Kelly 兩人面對面，不說話，就是靜靜地「對看 1 分鐘」的經歷，我竟然不自覺地流下了眼淚，也讓我想到，我與安怡認識、交往、結婚、生小孩，一直到現在，42 年來，她對於我，對於整個家庭的付出犧牲和奉獻。這 1 分鐘，太神奇了！

何先生將本書獻給何太，理所當然！

一本好的書，不僅要感動人的心，更要轉化改變一個人。

期盼《幸福馬拉松》轉化天下有情人！

聖經創世記 2:18 耶和華神說：「那人獨居不好，我要為他造一個配偶幫助他。」

當我進入婚姻之後，才慢慢地瞭解原來神造一個配偶來幫助我們，不是在生活起居中幫我們配個助理，而是為了從和配偶相處的婚姻當中，幫助我們看見自己的不足，看見自己的陋習，看見自己的軟弱，看見自己的驕傲，而回到神面前認罪悔改。

這樣看來，唯有願意不斷的修剪自己，不是只期待對方改變，而自己不變，那夫妻之間才能真正成為彼此的幫助。

感謝何戎與 Kelly 願意將他們婚姻中所經歷的一切，分享給所有在婚姻中，或是即將踏入婚姻的人。婚姻確實不容易經營，需要絕對的相輔相成，就像人生的一場馬拉松，雖然有人和你一起奔跑，但真正要對付的是自己的那一顆心。好的跑伴能夠造就、勸勉、鼓勵、安慰你向前跑，但不好的跑伴，則會絆倒對方，其中更要注意均勻的配速，因為每個人都有時強有時弱，強的時候不要只顧自己跑，要回頭等等另一半，調整同樣的步伐後，才能一起繼續前進。

幸福不是遙不可及，相信看完這本書，幸福就在你眼前。

———————————— 全方位藝人、藝術家 小馬（倪子鈞）

諮商的過程中，常常會看到伴侶關係慢慢變淡、變冷，甚至情感斷裂的狀況，這個時候，如果要修復親密關係，就需要回溯關係演變的過程，才能找到讓關係回溫的路徑。我認識何戎與 Kelly 夫妻，掐指算來超過 15 年，這一路他們並非「王子與公主從此過著幸福快樂的生活……」，他們的婚姻走過高峰，也度過低谷，他們也會分享婚姻中的酸甜苦辣，但我始終看到他們握著彼此的手，陪伴彼此，聆聽彼此，相信這些伴侶相處的養分與智慧都在這本書中，分享給更多的讀者。

———————————— 松德精神科診所諮商心理師、作家 **林萃芬**

愛情有了結果是「長跑成功」，但是進入了婚姻要繼續跑下去，婚姻變成了沒止盡的馬拉松。馬拉松很難跑，時間冗長，距離超遠，和你同步起跑的人後來都不知道去哪裡了，看似有伴兒但大多數時間是單槍匹馬，獨自思考與面對。馬拉松挑戰你的耐力、體力與肌力，婚姻也是如此。

婚姻的馬拉松要跑多久，以現在的社會標準，可以想跑就跑，想放棄就放棄。

唯有聽從上帝的指導，懂得另一半的體諒與溝通，何戎與 Kelly 將婚姻馬拉松轉換成為了「幸福馬拉松」。祝福何戎

的讀者開啟自己的幸福馬拉松，難度再高的婚姻，幸福也就在不遠處了喔！

—— 金鐘主持人 高怡平

運動對每個人來說都是很重要的，但運動放在人生的每一個階段來說，都有不同的意義。年輕時會選擇較激烈的、有對抗性的運動，但過了中年之後，反而會瞭解身體需要什麼樣的運動，這就好像在感情與婚姻中，每一個階段所需要的都不一樣。

這本《幸福馬拉松》教會我們瞭解自己，透視自己，才能掌控我們的生活，包含我們的婚姻。

這麼多年來，我都非常欣賞何戎大哥，不管在演藝事業的他，或是主播台上的他，或是經營家庭生活的他，每一方面都是值得我們學習的標竿。

我也喜歡跑步，人生的每一個階段運動，對我們來說都有不同的意義，就像婚姻一樣愈走愈穩，愈走愈清楚。謝謝大家和我們一起欣賞這本屬於人生的書，希望看完之後，對你的人生有一點點的啟發，那就是最值得也最有意義的事。

—— 全方位主持人 郭彥均

有一種人，我們多半不想把他當成朋友，那就是「滿嘴跑馬的人」，可是跟我同月同日生的何戎，竟然變身成一個「熱衷跑馬的人」！？當然這裡提到的「跑馬」是兩種截然不同的意境。

人生，就是一連串不同的歷練和修為累積而成的。

從何戎這一段追求幸福的過程，讓我想到我的偶像張學友在 1995 年推出的專輯中，那首主打歌「愛和承諾」。

人生，如果是一場馬拉松，能夠堅持跑回終點的，就必須要有過人的毅力和信念。看了這本書才知道，何戎早已練就金剛不壞之身！超凡入聖的形容或許言過其實，但他亦步亦趨地已然看到幸福的終點。如果幸福也有方程式，那麼從這本書當中應該就能找到那本致勝的葵花寶典。

—— 金鐘主持人 曾國城

我喜歡跑步，在跑步機上的我，可以從單一動作中得到平靜跟沉澱，再持續修正。

人生中的跑步，有一位哥哥一直跑在我的前方，不只是年紀，更是經驗，還有穩重的心智。現在他出了書跟大家分享他的心法「幸福馬拉松」，雖然講的是婚姻，但閱讀後，我覺得更可應用到人生。我們常「對愈是親近的人愈隨便」，

如果可以為了枕邊最親密的人調整自己、好好對待他們，相信在人生路上遇到的各種風景，全都可以好整以暇的平常心看待。

恭喜我最敬重的好哥哥何戎，祝福新書大賣喔！

全方位主持人 楊千霈

很開心看到我的好友何戎終於出書了！而更開心的發現是，他寫了一本關於「幸福」的書。說到「幸福」，我想真的沒有誰比何戎更適合分享他的經營之道了！

何戎與太太 Kelly 結婚超過 20 年，在生活各面向，兩人真的都是互相扶持的全方位戰友。不過，這人人稱羨的美滿幸福，其實是兩人這麼多年來用心維繫的成果。

幸福，很簡單，也很不簡單。

常常，一個小小的舉動、一句感謝、一個溫暖的眼神，就能帶來滿滿的幸福感。

然而，同樣的，如果不願意放下自我，不願意與彼此用心溝通、磨合，那麼幸福也往往會在一不留神中，就消磨殆盡。

事實上，多少夫妻感情決裂的導火線，常是來自那「總是隨處放的髒碗盤」這類看似可笑的小事。

的確，幸福就像是一場馬拉松，考驗著耐力，但也能享

受到一路上滿滿的風景。

何戎這本可愛又實用的書，分享他一路上的點滴，不僅能感受到他與 Kelly 之間的幸福洋溢，也深刻體悟到幸福的得來不易，希望大家也跟我一樣喜歡這本幸福之書。

—— 知名作家、正向心理學專家 劉軒

何戎這本書《幸福馬拉松》，我喜歡。

他的太座 Kelly 美麗大方，誠如他說的，有個性，有主見。這樣的現代女子，走進婚姻，不可能是傳統的期待，男人若不理解，他只能自怨自嘆找不到好伴侶。

何戎跨過了這一關，認識 28 年，婚姻 21 年，他用「跑馬拉松」形容他的感情與婚姻，愛跑馬的哥哥我，讀來特別有勁。

跑馬是一個人的武林，辛苦自知，旁人認為「你自找的，怪誰？」但，婚姻要幸福，何嘗不是自找的「婚姻馬拉松」？沒跑到終點，不能說你修完學分了。至於過程中的堅持與智慧，就讓帥哥何戎慢慢告訴你吧！我們都在人生的馬拉松上，包括愛情與婚姻。

—— 知名作家、主持人 蔡詩萍

向著幸福的標竿直跑

我喜歡跑步。

後來,更因為愛上跑步,開始參加各種大大小小的馬拉松賽事。

在一次跑馬的過程中,突然發覺婚姻就像是一場馬拉松比賽,從賽前的預備,到練習,再到真正開始下場跑,然後在一路跑的過程中,會遇到各種不同的狀況;從最初覺得興奮,充滿活力,漸漸地,隨著時間和距離增加就開始因疲累而感覺心有餘卻力不足,或是突然覺得跑不下去了,這時,腿又突然抽筋而緊繃痛得受不了而進入「撞牆期」,當下心裡會

浮現「乾脆放棄算了！」的 OS。

當種種負面想法出現的同時，也會有另一種聲音：「加油，你可以的！這些難受都只是一時的，目標就在前方不遠處，努力撐下去，向著標竿直跑，一定能夠抵達終點。」

聽起來是不是真的很像婚姻給我們的感受？

2022 年 7 月 14 日，我跟 Kelly 結婚滿 21 週年，如果婚姻像是一場「全馬」，那麼我們夫妻才剛完成了一半的賽程，我想透過這本書，把我們這 21 年來在婚姻生活中的酸甜苦辣，一些「過來人」的經驗，分享給已婚的朋友，或仍單身但渴望結婚的朋友，又或是對婚姻早已放棄希望的朋友們，一點參考，也互相鼓勵求進步。

在下筆寫這本書時，我希望能用一些淺顯易懂的「人話」，儘量避免講大道理，而用一些我們夫妻的真實日常故事，將我在這 21 年婚姻中的心得跟「反省」直白地與大家分享，希望每一位翻開本書來看的讀者，都能快速又沒有壓力地看完。

這本書對我來說，也是一個承諾的實現。

我說要「出書」已經說了好多年，以致於到後來，每當

有朋友完成新書，來邀我寫推薦序或掛名推薦時，都會讓我感到莫名的壓力，因為我推薦了無數本新書，但這麼多年過去了，自己的書卻連個影子都沒有！一再地「食言而肥」，讓我覺得非常對不起那些曾經邀請我出書的朋友們，還有一直認為我只是「不為」，而非「不能」出書的 Kelly。多年來，這個約定一直未能實現，其實也對我們的婚姻關係造成某種程度的「影響」。

重諾守約，對婚姻來說非常重要。因為婚姻就是夫妻之間所訂的盟約，彼此相守，也因為這樣的信守承諾，夫妻才能經營長久的關係。所以，我要特別感謝 Kelly 這麼多年來對我一再失約的包容，還有她的耐心等待，謝謝她對我「永不放棄的愛」。

另外，我也要特別感謝這次邀我完成這件人生大事的商周出版總編輯黃靖卉小姐、和責任編輯彭子宸小姐，以及整個出版社團隊的設計、美編和行銷業務的相關同仁，謝謝您們陪伴我一起完成了這件作品，讓我的人生又多了一個成就解鎖。

謝謝所有答應幫我寫專文推薦和掛名推薦的朋友們，你

們的支持對我來說，具有很大的鼓勵與意義。

謝謝我兩個善良可愛又成熟懂事的孩子，何錯跟何酳，謝謝你們在爸爸媽媽忙於工作的同時，把自己的事情處理好，也因為有你們，讓爸爸跟媽媽一直努力持守我們的婚姻和家庭關係。

我也要感謝我的父親何華盛先生、母親林南燕女士，和岳父洪秋能先生、岳母洪陳粉女士，雖然父親和岳父早已不在人世，但兩對長輩在婚姻中的相處，都是我們的榜樣。

最後，我要感謝我的上帝！因為祂是我和 Kelly 婚姻中最堅強的「第三者」，因著祂而形成的「鐵三角」，讓我們夫妻多年來在婚姻中持續不斷學習、成長、進步，成為彼此的幫助。

對了，也謝謝正在看這本書的您。希望您可以輕鬆、快速、沒有壓力地看完，也祝福您在看書的同時，或是看完書之後，能對「婚姻」抱持更正面的看法，以及更多的盼望。

愛，永不止息！

■ 謝謝 Kelly 在婚姻這條路上一路陪跑，不離不棄。

在您開始看這本書之前，我想先跟您分享一個「奇蹟」。

這個奇蹟就是我終於完成了這本書。也許您聽了會覺得有些莫名其妙，寫完一本書，怎能算一個奇蹟呢？但對我來說，它真的就是一個奇蹟。很多人對於我的印象，就是一位電視主播，認為我應該是一個口才不錯，而且文筆也不錯的媒體人，加上我又寫了超過十年的雜誌專欄，寫書對我來說怎麼會是一個奇蹟呢？

這就是最奇妙的地方。

這本書早在十年前就「應該」問世的，但因為我的「拖延症」，導致出書計劃一拖再拖，三拖四拖，拖到今年，覺得不能再拖了，如果再拖下去，最後可能又是無疾而終，所以我下定決心一定要出版。而過去，書一直出不來，其實只因為一個「懶」字使然，就因為懶，我總能找千百個理由跟藉口，讓這本婚姻書好幾次有了開始，卻都又不了了之。

婚姻中，我們也常因為「懶」而不願意去做一些改變，畢竟，「維持現狀」是最舒服的狀態，但也因為懶，造成我

們和另一半在婚姻生活相處上出現摩擦，感到痛苦，其實這些問題都是可解的。

解決的辦法就是，您願意，且下定決心離開「舒適圈」，開始行動。

有句話說：「千里之行，始於足下。」同樣的邏輯，在出書這件事上，就是「萬言之書，始於筆下。」重點是，您必須動起來，只要願意採取行動，就會看見「轉變」的發生。寫一本書是如此，想擁有幸福的婚姻也是如此。現在，我相信您應該能明白我剛才所說的「奇蹟」是什麼了。

我也相信，這樣的奇蹟可以發生在我們當中任何一個人的身上和家庭裡。

謝謝您願意拿起並翻開本書。祝福大家都能創造屬於自己的「奇蹟」。

我的人生教練──Kelly

先跟大家介紹一下，我的太太 Kelly。

我們結婚 21 年，但是從認識、交往到結婚歷經 7 年相處，加總起來，我們在一起已經 28 年了。

我相信「緣分」，我也相信在這個世界上，我們每一天遇到的人，做的每一件事，其中必有安排，也都早已註定。

我和 Kelly 就是註定相遇。

我們的「第一次接觸」是在 1994 年，當年我五專畢業，插大轉學考進文化新聞系從大二唸起，某天下課後我前往系館，在系刊編輯室看見一群正在認真排版的大三學長姐，而「Kelly 學姐」也在其中，那是我們的初次見面。

大學時期的 Kelly 就已經裝扮入時，善於穿搭。我記得當時的她，一頭波浪飄逸的捲捲長髮，合身的 T 恤，搭配緊身牛仔褲，雙腳踩著一雙馬靴，活像個名模一般。我對她可說是「一見鍾情」，深深被吸引。但當時她對我的印象，據她後來的回憶，就是「一個學弟」的印象而已。

　　Kelly 大我一屆，有緣的是，每年系上只有一個大三生可以到臺北電台實習的名額，我成為她的接班學弟。後來，我們又很巧地都考進 TVBS 電視台當校園記者，採訪製作同一個節目。因為相處久了而熟悉，但當時的我只是默默地「暗戀」學姐。直到 Kelly 要畢業的那一年，我鼓起勇氣，透過一份精心設計的問卷向她告白，她才被我的誠意與創意感動，願意給我一個交往的機會。

　　Kelly 是一個非常特別的女生，她有個性，很有自己的想法，也非常瞭解自己，清楚自己要什麼，她直率敢言，不做作，大喇喇卻又心思細膩。在我們交往時，她不但不介意我的單親家庭背景，更常常同理我家中的難處，在情感上給我很大的支持和鼓勵。

　　在我當兵那兩年，她已先出社會工作，我們維持了好一

段「檯面下」的交往。那段日子，她小心翼翼地保護我們的感情，不讓我們的交往「見光死」，甚至還推掉了不少可以認識好對象的機會。

一直等到我退伍，開始在電視台工作，有了穩定的收入，我們的戀情才浮出水面，我也才去見了 Kelly 的家人。說到這邊，我特別要感謝我的岳父母，從一開始就非常疼愛我，也支持我和 Kelly 交往。

我覺得自己會深深被 Kelly 吸引，除了因為我們很不一樣，也因為她應該是這個世界上最瞭解我的人，她總是能知道我內心深處在想什麼。像是交往期間，有一回我們一起去看電

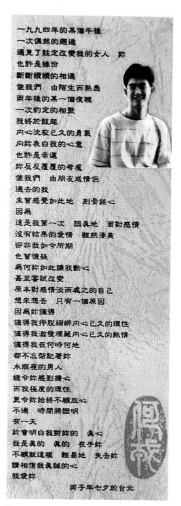

一九九四年的某個午後
一次偶然的邂逅
遇見了註定改變我的女人　妳
也許是緣份
斷斷續續的相遇
使我們　由陌生而熟悉
兩年後的某一個夜裡
一次約定的相聚
我終於鼓起
內心沈寂已久的勇氣
向妳表白我的心意
也許是幸運
妳反反覆覆的考慮
使我們　由朋友成情侶
過去的我
未曾感覺如此地　刻骨銘心
因為
這是我第一次　認真地　面對感情
沒有結果的愛情　雖然淒美
卻非我如今所期
也曾懷疑
為何妳如此讓我動心
甚至嘗試改變
原本對感情淡而處之的自己
想來想去　只有一個原因
因為妳值得
值得我掙脫綑綁內心已久的理性
值得我激發埋藏內心已久的熱情
值得我在何時何地
都不忘惦記著妳
水瓶座的男人
總令妳感到捉摸不定
而我極度的理性
更令妳始終不願放心
不過　時間將證明
有一天
妳會明白我對妳的　真心
我是真的　真的　在乎妳
不願就這樣　輕易地　失去妳
請相信我真誠的心
我愛妳

丙子年七夕於台北

■ 我和 Kelly 以前就常常會互送「自製」卡片表達心意。

影，路上遇到一個我不太想打招呼的朋友，迎面而來；當下我隨便編了個理由，就拉著 Kelly 的手，轉身往回走；沒多久，Kelly 就問我，剛才是不是碰到了不想看到的朋友。當時我們才剛交往，所以我非常驚訝她敏銳細膩的觀察力，也讓我覺得她實在很特別。記得當時我還半開玩笑地對她說，「像妳這麼瞭解我的女人，要不是把妳『滅口』，要不就是把妳給娶回家。」

後來，我們真的結婚了！

這麼多年來，Kelly 一直是我在家庭、工作與事業上的最佳「神隊友」，更是我背後最大的助力。她除了是一位好太太、好媽媽，也是我的禱告天使、啦啦隊長，經紀人兼助理、祕書，還是我最忠實的「反對黨」。我很佩服她，在她既有的品牌顧問工作之餘，同時還能稱職扮演好這麼多的角色。

婚後的 Kelly，為了我和孩子，為了整個家，犧牲了許多原本應該是屬於她自己的時間。之前，當我轉換跑道進入演藝圈，接演舞台劇，有很長一段期間必須排練到很晚，是她在家陪兩個孩子寫功課，陪他們玩，說故事給他們聽，哄他們睡覺；當我節目錄影出外景，接連幾天無法返家，也是她

「那人獨居不好，我要為他造一個配偶幫助他。」

接送孩子上下學；孩子生病，也是她一個人帶孩子去看醫師，一個人搞定家中所有大小事；直到現在，她都是我在工作上無任何後顧之憂的最佳後盾。

其實以 Kelly 的能力，她絕對可以獨當一面，在事業上或在任何領域大放光芒，但這麼多年來，她始終選擇把我跟孩子擺在第一順位。當我們夫妻都為了工作忙得不可開交時，她選擇放棄大好機會，甘於退居第二線，只為了成全我的成就，讓我全力以赴向前衝，她則從旁輔助陪伴，她不僅是我的人生夥伴，更是我的人生教練。

Kelly 是一個外冷內熱，外方內圓的人，不熟悉她的人會覺得她有距離感，其實她是個真誠待人、熱情又有愛心的性情中人，而且心比我還要軟。許多跟她相處久的老朋友都非常喜歡她；也有許多朋友說她是一位「智慧人妻」，真是所言不假。

以前，Kelly 當記者的時候，很多人叫她「小雨」；這幾年，大家都稱呼她的英文名字 Kelly；如今，她還多了一個「幸福女王 Kelly 何太」的稱號；她是我這一生最感謝的人，沒有 Kelly，我肯定不會成為現在的我。

人的一生，有人愛你又懂你，還願意為你犧牲奉獻，是莫大的幸福，既然緣分來之不易，就請務必珍惜。

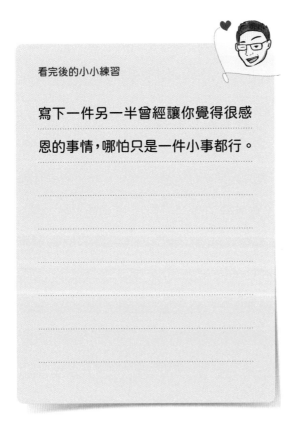

看完後的小小練習

寫下一件另一半曾經讓你覺得很感恩的事情，哪怕只是一件小事都行。

談戀愛，用心最重要

　　婚姻的幸福指數，跟一個人談戀愛次數，有沒有「正相關」？如果以我們夫妻的例子來看，答案是否定的。

　　我是 Kelly 的第三個男朋友，她則是我第二個女朋友，嚴格說來，我們的戀愛經驗都不算豐富，但以我們的經驗來說，戀愛能夠在最後修成正果，最重要的關鍵其實是「用心」。

　　戀愛這門功課，從小到大，其實很少人教過我們，絕大部分的人都是自己在一路摸索下累積經驗，在失敗中學習成長，在交往中學習相處。在我成長的年代，國中還是男女分校，男生開始喜歡女生，頂多也只是發乎情，止乎禮。我也寫過幾封情書向心儀的女生表達心意，但如果「已讀不回」，

就表示被拒絕了。不過當時升學主義掛帥，課業為重，也就沒什麼大不了的。

我真正的初戀是在五專時期，當時我是個剛進入男女同校的一年級新生，情竇初開，對於兩性交往還沒什麼概念，再加上很在意旁人的眼光，這段純純的戀情僅維持了一個月而已。後來，雖然有再遇見喜歡的女生，但都沒能更進一步發展成為男女朋友。直到進入大學，遇見我的「真命天女」Kelly，才真正談了一場轟轟烈烈的戀愛，而且最終幸運抱得美人歸。

用心，對方是感受得到的。

雖然用心並不保證戀情最後一定能開花結果，但是沒有用心，肯定是不會成功的。

五專三年級時，我很欣賞一位園藝科的學妹，趁著一次碰面的機會，想問出她的名字，沒想到她只說她姓王，但名字，請我自己猜。

喜歡一個人，有時會激發你的想像力。我索性跑到教務處拿到他們班的點名單，看了一下上面姓王的女生，大概有四、五個，我就把這些名字都抄了下來。然後在一張 A4 白紙上，

密密麻麻寫下三百多個「王某某」的女生名字（比如：王雅芬、王雅雯）。當然，也包括了這位學妹班級點名單中的所有王姓女生名字。第二天，我把這份名單拿給學妹，告訴她，我花了一天猜她的名字，她的名字應該就在這名單上；果然，她留下深刻印象，也指出了她的大名。

後來有一次暑假，為了送學妹生日禮物，我還特別坐了好幾個小時的客運，沿途問路才找到她位在雲林的家。本想突然出現在她家門口，給她個驚喜，送完禮物，就帥氣地轉身離開，沒想到他們家那個地區，傍晚之後就沒公車了，最後，我反而在他們家叨擾了一晚，隔天一早再回台北，想要帥卻反出糗。我終究還是沒追到這位學妹，現在回想仍覺得有趣，但塞翁失馬焉知非福，直到五專畢業進到大學，有了認識 Kelly 的緣分，才發現，更好的在後頭。

所以，每一段戀情只要「用心」過，足矣。有得必有失，有失必有得，談戀愛，用平常心看待。

我的「用心」，在追 Kelly 時可說是發揮得淋漓盡致，除了平常寫給她的情書和小卡片，最經典的就是我的「告白問卷」。

Kelly 在大學時就很優秀，當時臺北廣播電台有提供學生實習的機會，但每一屆只有一個名額，Kelly 是他們那一屆的代表，而我則是我這一屆的代表，也就是說，我是她的接班實習生。後來，TVBS 電視台開設校園新聞的時段，招募傳播科系的校園記者，我們又一起考上，因此有了更多共事的機會，常常見面，彼此也有了更多瞭解。

在我的認知裡，以 Kelly 的條件，她並不是一個「好追的」女生，所以想追到她，得用心準備奇招。於是，我用統計課要做問卷的理由，約了 Kelly，請她幫我回答問卷。事實上，這份問卷是我精心設計的，最重要的目的是要向她「告白」。那天晚上，我們在臺北市區吃完晚餐，然後到東區的冰淇淋店，再換點到臺大公館附近的茶館，一連換了四家店，最後，她問我：不是要做問卷嗎？等我拿出問卷給她，她一邊看著問卷上的 20 個問題，會心地笑了出來，她大概在想，喔……原來如此啊！

我很「用心」設計這份問卷，最後 19、20 兩題，還刻意用紙遮封起來，得撕開才能作答；而這兩題分別是：

19：以後可否不要再叫 Kelly 學姐？Yes or No？如果答

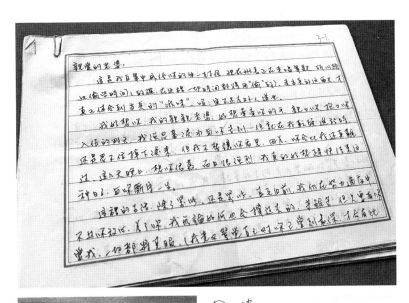

現在看以前寫的卡片和情書，真的感覺有點「肉麻」，但都是極美好的回憶。

No，續答下一題。

20：是否願意再考慮一下？ Yes or No ？

我想，應該就是這樣的用心，讓 Kelly 願意給我一個跟她交往的機會，因為第 19 題她的答案是 No，但 20 題她回答了 Yes。

多年後，我回想起來，還是覺得 Kelly 很有智慧，當時這麼顧及我的面子與感受，也肯定我所呈現的用心。

現在我們雖然不再像熱戀中的小情侶，但在每天的生活裡，我們很感恩，依舊可以感受到彼此對待的用心。

看完後的小小練習

最近試著規劃或準備一件事，讓另一半有機會感受到你的「用心」。

就是這一份問卷
讓我們從此認定了彼此⋯⋯

結婚前 ➜➜➜

最需要做的，其實是更多認識自己，也更多準備好自己。

準備進入婚姻 ➜➜➜

請先做好心理準備，你們不會每一天都開開心心的，而且，
你要開始準備調整、甚至改變自己。

持守在婚姻中 ➜➜➜

雖然不是一件容易的事，甚至可能會出現很多次想放棄的念
頭，你當然可以放棄，因為這是最容易的；但你也可以考慮
再給自己和另一半一次機會。

以下各題中如無特別說明，則每題均為單選題，請依實際情形作答，謝謝！

1.您對自己的外表感覺如何？

□很滿意　☑滿意　□沒意見　□不滿意　□很不滿意

2.如果要請您對自己的外表打分數，您會給自己的外表打幾分？

□0~20分　□20~40分　□40~60分　□60~80分　☑80~100分
　↓可下降
　可能會有

3.您對自己的個性感覺如何？

□很滿意　滿意　□沒意見　☑不滿意　□很不滿意

4.如果要請您對自己的個性打分數，您會給自己的個性打幾分？

□0~20分　□20~40分　□40~60分　☑60~80分　□80~100分

5.您對自己的能力感覺如何？

□很滿意　☑滿意　□沒意見　□不滿意　□很不滿意

6.如果要請您對自己的能力打分數，您會給自己的能力打幾分？

□0~20分　□20~40分　□40~60分　□60~80分　☑80~100分
　　　　　　　　　　　　↓慢慢上升
　　　　　　　　　　　　可能會

7.您對何戎的外表感覺如何？

□很滿意　☑滿意　□沒意見　□不滿意　□很不滿意

8.如果要請您對何戎的外表打分數，您會給他的外表打幾分？

□0~20分　□20~40分　□40~60分　□60~80分　☑80~100分

9.您對何戎的個性感覺如何？

□很滿意　☑滿意　□沒意見　☑不滿意　□很不滿意
　　　　　　　　　　　　↓不要情緒化

10.如果要請您對何戎的個性打分數，您會給他的個性打幾分？

□0~20分　□20~40分　□40~60分　□60~80分　☑80~100分

11.您對何戎的能力感覺如何？

☑很滿意　□滿意　□沒意見　□不滿意　□很不滿意

12.如果要請您對何戎的能力打分數，您會給他的能力打幾分？

□0~20分　□20~40分　□40~60分　□60~80分　☑80~100分
　　　　　　　　　　　　　　　　　　90

13.您覺得何戎這個人整體的表現（包括內在及外在）覺得怎麼樣？

☐很不錯 ☑不錯 ☐沒意見 ☐不太好 ☐很不好

賢慧兄長型空隙

14.如果要請您對何戎整體的表現打分數，您會給他打幾分？

☐0~20分 ☐20~40分 ☐40~60分 ☐60~80分 ☑80~100分

15.您覺得何戎這個人的優點為何？（可複選）

☑高大挺拔 ☑大智若愚 ☑事親至孝 ☑待人誠懇 ☑忠厚老實 ☐剛毅本訥

☐交遊廣闊 ☑才華洋溢 ☑幽默風趣 ☐努力認真 ☐聰明機靈 ☐其他 ___

16.在何戎的優點當中，您最欣賞的為何？（請選出您最欣賞的三點）

☑高大挺拔 ☐大智若愚 ☐事親至孝 ☐待人誠懇 ☑忠厚老實 ☐剛毅木訥

☐交遊廣闊 ☑才華洋溢 ☐幽默風趣 ☐努力認真 ☐聰明機靈 ☐其他 ___

17.您覺得何戎這個人的缺點為何？（可複選）

☐奸詐狡滑 ☑巧言令色 ☐粉化惹草 ☐愛睡懶覺 ☐脾氣暴躁 ☐剛愎自用

☐龜龜毛毛 ☑不善表達 ☐小題大作 ☐疑神疑鬼 ☑其他 ___

18.在何戎的缺點當中，您最不欣賞的為何？（請選出您最不欣賞的三點）

☐奸詐狡滑 ☐巧言令色 ☐粉化惹草 ☐愛睡懶覺 ☐脾氣暴躁 ☐剛愎自用

☐龜龜毛毛 ☐不善表達 ☐小題大作 ☐疑神疑鬼 ☑其他 ___

19.您對何媽媽的感覺怎麼樣？

☐很好 ☑還不錯 ☐沒意見 ☐不好 ☐很不好

20.您能夠忍受何媽媽的個性嗎？

☐很能夠 ☑能夠 ☐沒意見 ☐不能夠 ☐很不能夠

HOWEVER 希望能夠 假如何戎⋯⋯

本問卷到此已將近全部結束，現在請您掀開以下黏貼之部份，回答最後一個也是最重要的一個問題。

"以後能不能不要再叫你學姐了呢？"（請仔細考慮後再回答）

☐可以 ☑不可以（答此者請繼續回答下一題）

可不可以答應我再考慮一下下？

☑可以 ☐不可以

從我到我們

❤ 結婚是人生的重大決定。原本的一個人要變成兩個人,甚至之後可能變成三個或四個或更多人(小孩),而在決定從 ME 到 WE 之前,我們對自己,對自己的對象,對未來婚姻的想定,清楚嗎?有哪些問題,是在決定結婚之前,必須先想清楚和談清楚的呢?

我們結婚吧

直到今天，我都非常感恩 Kelly 當初沒有「想太多」就嫁給了我。

她真的是沒有想太多！當時我們各自在不同的新聞台當記者，每天忙碌的新聞工作，已經讓我們幾乎沒有太多時間討論結婚的事；但我們交往多年，彼此都覺得情感穩定，是該考慮共組家庭的時候了。

印象中，我們討論到結婚這話題時，我只說了：「我們結婚吧！」

Kelly 竟也很爽快地回說：「好啊！」

不可思議的是，我們就開始一邊忙工作，一邊忙著籌備婚禮。（Kelly 連婚紗都是在短短兩小時內就選定，超有效率！）

　　但是，請注意，「我沒有求婚」，應該說，我沒有向 Kelly「正式地」求婚，但她卻答應嫁給我。你們是否也認為，她真的沒想太多？

　　我們的婚事，真的算是「一切從簡」，雖然還是有拍婚紗照、辦喜宴，但並不像有些新娘或女方家人的要求──務必熱熱鬧鬧、風風光光地嫁女兒，也要男方準備足夠的聘禮來表示誠意。因為我父親很早過世，母親後來又在病中，登門提親那天，還是請我的大舅與舅媽出面代表我們家向 Kelly 的爸媽提親。

　　這一點，我特別感謝我的岳父岳母，他們是非常樸實無華又單純的長輩，不但沒有要求聘禮的內容規格，我們家也不需要為女方先辦一場文定家宴，就連結婚當天，Kelly 所戴的金飾還是跟她姐姐借來暫時充用一下的。我們只準備習俗上的基本禮數跟儀式，像是公開宴客的喜酒、喜餅禮盒，與親友分享我們的喜悅，而不走鋪張奢華的路線。記得當時岳

父岳母曾經對我說，我們夫妻婚後的幸福才最重要，也是他們最在意與關心的。

我曾經參加與主持過不少非常豪奢的婚宴喜酒，有的貴賓雲集，或現場宛如繽紛的童話世界，所以有些才會號稱「世紀婚禮」，但事實證明，婚禮的排場和婚姻的幸福並無直接關係；甚至還有非正式的統計顯示，婚禮越鋪張，婚後離異的機率也越高。

結婚，其實最重要的是它所代表的意義。至於婚禮的形式如何，見仁見智，像是在教堂的簡約婚禮，一樣能給人神聖且隆重的感覺。我並不是指花費許多心思和金錢去籌備婚禮喜宴是不必要的，畢竟每個人的家庭能力和對婚禮的期許都不同。我想說的是，婚姻的重點是婚後兩個人如何相處，和如何努力經營家庭與長久的關係。

雖然人人嚮往羨慕重金籌辦、千百賓客、冠蓋雲集、浪漫萬分的世紀婚禮，但如果婚禮之後沒多久，夫妻卻傳出勞燕分飛、各奔東西的消息，豈不令人覺得可惜。所以，不論是什麼等級與規格的婚禮，婚後的第一天才是婚姻真正開始之日。

雖然我說形式不重要，不過我沒求婚這件事，讓我慚愧跟困擾了好多年，因為婚前我曾對 Kelly 誇下海口說，我會在人潮最多的臺北車站前的廣場，眾目睽睽下，單膝下跪向她求婚，結果，我沒做到。婚後每次看到電視上播出浪漫求婚的新聞，我總想立即轉台，偶爾來不及被 Kelly 看見了，就會被她開玩笑地糗一下：「咦！你都沒跟我求婚，我就嫁給你了耶。」

　　終於，在我們結婚七週年時，我補上「求婚儀式」，還設計了一份求婚證書，邀請七對夫妻好友到場為我們見證。雖然我知道對 Kelly 來說，她並不是那麼在意到底有沒有求婚

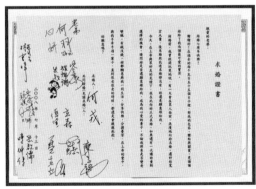

▋ 結婚七週年的時候，為了補求婚儀式，還特別做了一本「求婚證書」。

的形式，她更在乎的是，我們能有更多真實的互動，徒具形式，反而沒必要。

不過，還是奉勸各位男士們，花點心思準備您的求婚，沒求過婚的，找個適當時機補回來，這份心意絕對會讓您的另一半感動久久，記憶深刻。

看完後的小小練習

當年沒求婚的朋友，建議可以想一下如何趁您們的結婚紀念日（或特別有意義的一天），補上心意。還未進入婚姻的朋友們，記得，求婚還是很重要的！

2

要結婚，
該先修哪些學分？

結婚，需要上課嗎？

從小到大，我們在學校，甚至出了社會，上了許多課，但卻沒有上過「婚姻課」，因為學校沒有這堂課，但是這堂課卻足以影響一個人的一輩子。

也許有人認為結婚就是走入婚姻，還需要上什麼課？正因為從來沒有人教過我們，所以很多人都是在進入婚姻之後才開始一路摸索，碰撞學習，累積經驗，參考父母或身邊朋友的例子。如果是好的範例，我們就會對婚姻充滿盼望。如果是不好的範例呢？很多人可能就會因此對婚姻感到失望，

甚至不抱任何期待。

很少有人告訴我們應該如何扮演好丈夫／妻子的角色，如何看待婚姻真正的價值，如果有一本《丈夫使用手冊》或《妻子使用手冊》可以參考就好了，但並沒有。即使有，每一對夫妻的相處模式也不盡然完全相同，只能把握大原則。這就是為什麼我認為應該要有一門婚姻課，給所有想進入婚姻的人，或是已經在婚姻中卻感到辛苦的夫妻們。

幸好，目前社會上已經有一些類似的課程，像是社福機構、教會組織等，都有「婚前輔導」或是「婚姻輔導」的相關課程，希望透過上課讓我們更瞭解自己，也瞭解另一半與自己之間的不同。

我和 Kelly 當年結婚時，還不知道有「婚前輔導」這類課程，如果當時知道，我想我們應該會考慮一起去參加，所幸後來我們在教會透過婚姻輔導課，更加知道丈夫與妻子各自的角色，以及應該如何在生活中好好相處。

婚姻課，究竟應該包括哪些該修的「學分」呢？

我認為最重要的是認識自己、認識彼此的差異、認識原生家庭的影響、溝通彼此的價值觀（包含了金錢觀和教養觀

在內），以及夫妻之間的親密關係（性生活）。

簡單來說，透過這樣的婚姻課，幫助在婚姻中的雙方能夠多一點瞭解，就能夠少一點誤解。

「瞭解自己」是第一步。有的人活了一輩子都不瞭解自己，所以並不清楚自己對於某些事情產生的情緒，以及面對一些問題常會有的反應，其背後根本的原因，而這樣的「不瞭解自己」，一旦進入婚姻，有時會影響或傷害夫妻關係。而透過一些問題的檢測，以及與諮商人員的面對面探討，愈認識瞭解自己，會幫助我們愈清楚知道自己希望如何被對待，以及如何去對待另一半。

瞭解與另一半的差異，才會更加理解每個人都不一樣，會學習包容另一半跟你的不同，而不是嫌棄或抱怨。像我跟Kelly 就是截然不同的兩個人，我是「外圓內方」，她是「外方內圓」，我比較在乎人際關係，相信事緩則圓，所以做事情比較慢，說好聽一點是三思而後行，謀定而後動，但拖拖拉拉的，有時候很沒效率；Kelly 是標準的行動派，講求效率，而且就事論事，也很堅持原則。我們夫妻一快一慢的不同，光是磨合就花了很長一段時間，而這當中有許多的包容跟等

待，才使我們能持續和平相處。

　　價值觀也是「婚姻課」的重要學分。因為觀念會影響行為，而且會成為生活習慣。我們來自不同的家庭，不同的成長背景，一定會有不同的觀念，所以需要透過溝通來瞭解彼此對人、對事的觀念。在這個過程中，有時你甚至會發現原本自己某些觀念其實並不正確。

　　這些不正確的觀念也就帶出了不正確的習慣，舉個例子，以前我到 Kelly 家作客的時候，我要打電話，明明我有手機，不過為了省錢，常常習慣性地就拿起他們家的電話來用；這個小動作看似沒什麼，但其實問題很大，因為跟「界線」有關；我的想法是，我們已經交往這麼久，就像家人一般，理所當然地把 Kelly 家當成自己家；但即便如此，更妥當也更有禮貌的做法應該是在拿起電話之前，先知會 Kelly 或她的家人一聲。

　　另外，消費習慣、金錢觀與子女教養觀，也是婚姻課程中不可缺少的部分。很多夫妻的金錢觀南轅北轍，常常因為如何「用錢」而起爭執，一個可能視錢如命，小氣吝嗇，甚至連對另一半都摳門到家；也有人永遠覺得錢乃身外之物，

再賺就有，及時行樂，今天有錢今天花；這些也都常常成為夫妻吵架的導火線。

對於子女的教養，觀念不同也容易造成夫妻的衝突。從生活中如何照顧孩子，到他們上學之後要唸什麼學校、該不該上才藝班，該給多少零用錢……等等問題，這些都需要夫妻雙方事先溝通，取得共識。

婚姻課還能夠幫助我們更清楚另一半對於親密關係，也就是性生活的期待，千萬不可小看這個問題，因為夫妻之間的親密關係確實會影響到兩人的感情。但是夫妻彼此對親密關係的需求跟期望可能不盡相同，所以在婚姻課程中，若能先瞭解另一半對親密行為與性生活的需求和態度，就不至於在婚姻中因為期待的落差，而產生摩擦。華人對於親密關係往往比較難以啟齒和另一半討論，但這是很重要的，因為若彼此之間的差異太大，長期就會成為婚姻的潛在殺手。

婚姻課還有一堂非常重要的必修學分，就是對於「婚姻價值」的看重。「愛、責任與承諾」是婚姻的基本要件，結婚絕不是辦家家酒，也不是兒戲，婚姻中因為有「愛」才能包容對方、修復關係；因為有「責任」，才能面對問題，抵

擋誘惑；因為有「承諾」，才能不離不棄，相伴相隨。

　　雖然並不能保證上過婚姻課的人都可以學以致用，但至少上過課的人會更瞭解婚姻對於我們的意義與幫助。我和 Kelly 也沒有上過「婚前輔導」的課程，後來發現婚姻課真的有其必要，幸好我們接觸了一些婚姻輔導的課，透過「補課」及時修正了一些觀念和行為。

　　婚姻這門功課長達一生之久，所以，還沒上過婚姻課的朋友們也別太擔心，只要有開始，永遠不嫌晚。

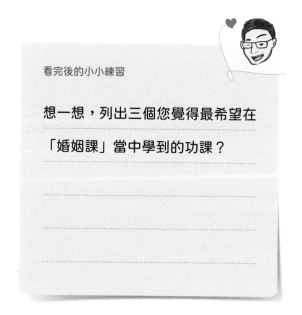

看完後的小小練習

想一想，列出三個您覺得最希望在

「婚姻課」當中學到的功課？

3

婚姻中最難的功課
──忍耐

相信大家都聽過「愛的真諦」這首歌：

「愛是恆久忍耐，又有恩慈。愛是不嫉妒，愛是不自誇不張狂，不做害羞的事，愛是不求自己的益處，不輕易發怒，不計算人家的惡，不喜歡不義只喜歡真理。凡事包容，凡事相信，凡事盼望，凡事忍耐，愛永不止息。」

聽完，你一定覺得，愛真的好難啊！愛的真諦也提醒了所有夫妻們，婚姻中最難的事，是「忍耐」，而且還要恆久忍耐。

在媒體上常會看到許多所謂的婚姻或兩性專家，這些專

家總是分享要如何在婚姻中和另一半好好相處，以及如何經營幸福的婚姻關係，但當中有些人的婚姻並不幸福，甚至有的最終以離婚收場。於是有人開玩笑的說，千萬別當專家，因為專家都是「專門害人家」，所以我先聲明，我不是專家，我只是有些成功與失敗實戰經驗的「過來人」而已。

許多人渴望婚姻，因為嚮往婚姻所充滿的浪漫與甜蜜。在很多婚禮上，我們最常聽到的一句話：「結婚才是婚姻開始的第一天。」從這一天開始，婚姻中的兩個人就要學習跟另一半生活在一起，學習「彼此相愛」。當對方可愛的時候，愛很容易，但是當對方不可愛的時候，還愛得下去嗎？

在我和 Kelly 的 21 年婚姻中，我有很多時候其實是很「不可愛」的，比如，有時我只想到自己，而沒顧慮到 Kelly 的感受；有時只瞻前卻未顧後，結果沒有把事情處理得很好，還得麻煩 Kelly 協助善後；不可愛的例子實在太多，無法一一列舉。當我不可愛的時候，就是 Kelly 學習並發揮「忍功」的時機，必須坦白說，有好幾次，我覺得她已經受不了我了，或是明白表達真是受夠了！但後來，我們能順利度過風浪，關鍵就在於她願意忍耐，選擇包容。所以忍耐最難，因為決定

忍耐的關鍵人是我們自己。

「我真是受夠你了！」這應該是夫妻在衝突時最常脫口而出的經典句之一，在婚姻生活中，夫妻難免會有許多想法不同，做法不同的時刻，甚至只是看對方不順眼，這個時候怎麼辦？要忍耐，談何容易呀！

在婚姻中，有時候陷入負面情緒是很正常的，畢竟我們都不是聖人，相處久了，很容易因為一些小事起爭執，難免發脾氣宣洩一下情緒，但要適時地提醒自己冷靜下來。而且在怒氣下也不能口出惡言或人身攻擊，這就是一種忍耐。

當然，你也可以選擇不忍耐，然後當下決定結束，一刀兩斷，這是最容易的解決方法。但最容易的方法，也會有最好的結果嗎？

我有一些朋友因為忍受不了另一半，決定結束婚姻，但在分手後才發現其實問題並沒有解決，於是當他們又進入一段新關係之後，同樣的問題還是不斷重演。

真正愛一個人，是即便他／她不可愛，而你學習換另外一種角度或眼光去看當下的他／她。因為愛，所以會忍耐，也才會包容對方的不完美。

有個小小提醒，我說的「忍耐」，並不包括身處在家暴陰影或已經有生命安全威脅下的那種關係。如果攸關生命，我個人覺得就要考慮趕緊離開。

　　希望看完這篇內容，不會嚇到對於婚姻還有憧憬的朋友們，雖然婚姻中會有許多大小難關，但也因為這些難事的考驗，讓夫妻之間的關係變得更加堅強緊密，更珍惜彼此。

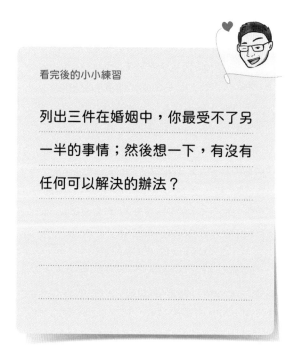

看完後的小小練習

列出三件在婚姻中，你最受不了另一半的事情；然後想一下，有沒有任何可以解決的辦法？

相信婚姻

愛人與被愛，都需要學習，而婚姻正好提供了我們這樣一個學習的機會。但是，我有一些朋友選擇不再相信婚姻，因為他們在婚姻中深深地被傷害。

受了傷的心要復原並不容易。

有一次，我看到電視綜藝節目聊的主題是「婚禮」，幾位藝人和素人觀眾分享回顧自己婚禮上的趣事，以及婚後的生活。讓我意外的是，這位節目主持人的開場白劈頭就說，他實在沒想到在這個年代還有人願意相信婚姻，天真地認為婚後的生活，都是浪漫又美好的。後來，我查了一下這位主

持人在現實生活中已經離婚多年，而且選擇回歸單身，決心不再談論婚嫁。

我不認識這位主持人，但我推想，他應該是在之前的婚姻關係中受了傷，而且傷得不輕，原本應該從婚姻中得到的安全感和信任感，最後蕩然無存，當然對婚姻也就不會有任何盼望。

婚姻中的兩個人沒有血緣關係，因為婚姻而結合，這段關係如果順利，可以長達一生之久。所以我認為婚姻是除了親子關係之外，一個人生命中最重要的一段關係。

我常常在想，在婚姻中的我們到底要學什麼？後來發現是學習如何「愛人」與「被愛」。我有信仰，《聖經》中說，「上帝創造婚姻是有一個美好的目的。」以前我總會想，這個目的究竟是什麼？經過了這麼多年，我學習到的是，原來婚姻的目的是要我們學習改變自己。當你願意為了另一半而改變自己，你才真正懂得如何去愛人與被愛。

我和 Kelly 這麼多年的婚姻中，在某些低潮時刻，我也會想，當初我選擇進入婚姻的決定是對的嗎？我選擇的人也是對的嗎？我甚至會為 Kelly 禱告，希望上帝改變她。我想，你

「既然如此，夫妻不再是兩個人，乃是一體的了。」

▌婚姻不是 1 ＋ 1 ，而是 0.5 ＋ 0.5 ，讓出
一半的自己給對方，兩人才合而為一。

應該看到重點了，我竟然是希望我的太太被改變，而不是我
自己改變。當然後來我發現這個謬誤了，應該是我自己先改
變。當我願意改變，而且改變了，我的另一半自然也就跟著
改變了。

　　我們都不完美，都有人性的軟弱，而且我們也都會犯錯，
只是人常常習慣性的會把責任往外推，都是別人有問題，不

是自己的問題，所以當婚姻出問題，一定是對方的錯，而不是我的錯。

我也曾經極度的自我感覺良好，覺得自己的條件很好，在婚姻中也會是一個好好先生，但後來在婚姻中，透過和 Kelly 的相處與溝通，才明白我要改變的空間實在非常大。

知道需要改變，然後願意改變，最後真正付諸行動開始改變，是需要一步一步努力的。而這些改變，最終受益的不只是另一半，更多的是我們自己。

婚姻，讓我們可以不斷透過改變而「進化」、「升級」，成為更好的自己。這也是為什麼至今我仍然相信婚姻的美好。

我也要特別謝謝 Kelly，願意等待我在婚姻中的改變。畢竟，婚姻是兩個人的事，兩人同心堅守在這段關係中，才有機會看見最後美好的結果。

看完後的小小練習

想一個你見過或聽過的幸福婚姻的例子，這對夫妻相處上的哪一點，讓你願意相信婚姻呢？

5 分鐘，護一生

很多朋友都羨慕我和 Kelly 的婚姻，覺得我們是幸福夫妻的代表，但有些人可能並不知道，其實我們也經歷過驚濤駭浪。

Kelly 有一次與我分享，她其實在婚後第二年，就萌生要和我離婚的念頭。

你一定想知道為什麼，這也是當初我聽到她這個想法時的第一個反應，Why？我到底做錯什麼？還是我哪裡做得不夠好？對於當時自認是好老公與好爸爸的我來說，這簡直是難以理解，更無法接受。我心裡的 OS 更是直接而自私地為

何戒愛妻六大守則

一、凡事多讓老婆一點，因為老婆生小孩很辛苦。

二、凡事多疼老婆一點，因為老婆等你把兵當完。

三、凡事多給老婆一點，因為老婆從不計較付出。

四、凡事多想老婆一點，因為老婆為你改變自己。

五、凡事多問老婆一點，因為老婆處事成熟穩健。

六、凡事多愛老婆一點，因為老婆無悔選擇了你。

自己辯白，「我已經算是不錯的丈夫了，妳還有什麼好抱怨的？

後來聽完 Kelly 的解釋後，頓時讓我覺得非常虧欠她。原來，當時她覺得我們只是住在同一個屋簷下的兩個人，像室友，不像夫妻；最主要的原因是，我每天下班回到家之後幾乎不講話、不溝通、不分享，讓她覺得自己就像空氣一樣。

婚後，我和 Kelly 照舊在各自服務的電視台工作，但因排班的時間不同，她的記者工作是朝九晚六（早上九點進公司，晚上六點下班）；我負責播報夜間新聞，上班時間是午三朝一（下午三點到凌晨一點）；這樣的生活作息長達超過一年，所以我們每天幾乎見不到什麼面。當 Kelly 出門時我在睡覺，當我下班時她早已入睡；偶爾幾次我回到家，她還醒著，但我卻因為累了一天而不想開口說話，所以兩人除了簡單地寒暄，幾乎沒說什麼話，更別說分享或溝通了，這樣的「冷互動」久了，不出問題才怪。

後來，我們在「愛的五種語言」這個理論中學到，每個人覺得「被愛」的方式都不同。Kelly 需要的是「精心的時刻」，對她而言，身為丈夫的我，只要每天花一點時間與她分享我

在工作或生活上的大小事，或者溝通一些我心中的想法，或跟她討論任何事情，也聽她說說話；哪怕只有短短的 5 分鐘，都是一種表達愛意的行為，這樣就能讓她感受到被愛。

真是幸好、也謝謝 Kelly 當時願意向我表達她的感受和需要，讓我及時明白，並且努力修正，我們的關係才慢慢地修補回來。

如今我們已是老夫老妻，但我偶爾還是會不小心忽略這 5 分鐘的溝通與分享、聊一聊的重要性，貼心的 Kelly 就會適時提醒我：「何先生，請記得，5 分鐘，護一生喔！」

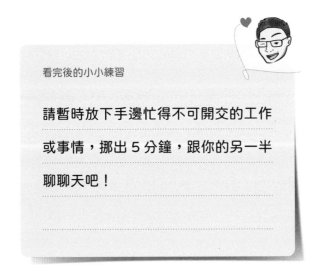

看完後的小小練習

請暫時放下手邊忙得不可開交的工作或事情，挪出 5 分鐘，跟你的另一半聊聊天吧！

6

我的結婚誓言

　　婚禮中讓你覺得最感動的是哪一個橋段呢？

　　每個人的答案可能都不盡相同，不過會讓人感動的一定
跟真情流露有關，比如，新娘牽著爸爸的手走在紅毯上，一
步步走向新郎，然後老父親將女兒的手交給女婿；這一幕往
往最令人感動掉淚。另一個我覺得最令人感動的時刻，是新
人彼此交換誓詞那一刻。雖然這並不是每一對新人都會安排
的過程。

　　短短幾分鐘的結婚誓言，代表的是兩人對彼此一輩子的
承諾。

「不論是富足，是貧乏；不論是健康，還是身處疾病當中，都會不離不棄，直到自己離開這個世界的那一天。」

　　光聽到上面這一句話就足以讓人感動不已，即使這是比較制式的誓詞。我曾經主持和參加過一些婚宴，新人交換的誓詞即使不走制式路線，一樣讓人感動，在誓詞中可以聽到只屬於他們兩人曾經共有的甜蜜回憶，還有一些讓他們一直記在心上彼此感恩對方的事情。

　　結婚誓言對於進入婚姻的兩人來說是很重要的，因為要「準備」這一段話送給心愛的另一半，你會花時間去回顧與細思，在那些你們相處過的日子裡，對方讓你印象最深刻、最感動，也讓你之所以認定他／她就是今生另一半的原因。在婚後，當小倆口陷入情感低潮時，回想這個「準備」，更會有所助益，所以千萬別小看交換誓言。

　　雖然我和 Kelly 的婚禮並沒有正式交換誓詞的流程，但我們還是有簡單地講了幾句表達感謝對方的話。有句話說「永遠不嫌晚」，婚後，我們一樣可以選一個適當時機，準備好自己的「誓詞」，補送給另一半。所以，在這裡跟大家分享我要補送給 Kelly 的結婚誓詞：

親愛的 Kelly，謝謝妳當年選擇了我。在我功未成名未就，什麼都沒有的時候，妳卻願意和我一起走入婚姻，和我一起打拚，並相信我、看好我，而且始終在我身邊支持我。

　　謝謝妳願意包容我和接納我的家人，也謝謝妳這些年來對我和我家人的付出。這麼多年中，有太多的辛苦與委屈，妳都概括承受了下來。在我最需要幫忙的時候，妳總是在我的身邊，妳也始終把我看得比妳自己還重要。我的軟弱和最不願被人看見的那一面，只有妳知道，但妳不因此嫌棄我。在我最不可愛的時候，妳也總是無條件地繼續愛我，給我機會，也等待我的改變。謝謝妳讓我成為一個更好的自己，也謝謝妳，讓我和孩子們能有一個幸福完整的家庭。

　　感謝上帝，讓妳成為我的妻子，成為我這一生最大的幫助。謝謝妳！我會繼續努力，用心愛妳，珍惜妳，成為妳隨時可以倚靠的膀臂。未來不管或富足或缺乏，或健康或患病，我都會對妳不離不棄，直到我離開這世界的那一天。

　　感恩妳，成為我一輩子的牽手。

看完後的小小練習

試著也寫下你對另一半的「結婚誓
言」，不用多，兩、三句，四、五句都行，
然後找個適當的時機送給他／她。

7

美好婚姻，需要「第三者」

蛤？第三者？婚姻中有第三者介入，是「小三」嗎？

當然不是。小三是破壞家庭的，我說的是可以幫助建造家庭的「第三者」，在我們的婚姻中，這位第三者就是我們所信靠的上帝。

我和 Kelly 結婚時，她還不是基督徒，而當時的我則是一個已經很久沒去教會聚會的基督徒，但上帝很奇妙，後來把我們一起又帶進教會，不但讓我們有了共同的信仰，又讓我們一起在教會服事，甚至在基督教的電視台一起共事，共同主持家庭類型的談話性節目。

有上帝成為婚姻的第三者，真的很好，甚至還有一個「鐵三角」的理論，在這個婚姻三角形中，下方的兩個角是夫妻雙方，而三角形上方的頂點則是上帝，所以越靠近上帝，夫妻倆的距離也會更接近。這個理論常常成為我們夫妻的提醒，也讓我們倚靠信仰，在婚姻中找到力量。

　　在婚姻裡，我們常常期待另一半能改變，甚至希望能夠改變對方，但是「江山易改，本性難移」，要改變一個人實在非常困難。有一次，我不經意地瞥見 Kelly 貼在工作桌上的一張雜誌內頁，那是某一年元月號的文章，那期封面的主題是「改變」（一年開始，新年新希望吧！）Kelly 剪貼的那頁內文就是寫著如何改變；上面斗大的標題：「今年你想改變的是什麼？」下面是幾位名人簡短幾句的分享──有人想改變自己的身材，有人想改變自己的工作效率，有人想改變自己的親子關係。這篇文章最後留下了一行空格，讓讀者可以自己填寫今年最想改變的項目。

　　猜猜看，Kelly 當時寫下的是什麼？

　　答案，三個字：「我老公」。

　　在這麼多年的婚姻中，我們夫妻也常常會有很掙扎、很

辛苦的時刻，我也常常會在禱告中，懇求我的上帝改變我的太太。反正不是她改，就是我改，只有改變，婚姻才能繼續維持下去。但是要改變，談何容易！這時候第三者（我們的上帝）的介入就變得非常重要了。於是乎，當 Kelly 覺得對我已經沒輒時，她就會把我「交給上帝」，什麼意思？就是「為我禱告」，因為她相信上帝可以改變我。

真的，只有上帝可以改變我！很久以前，有一次，我們夫妻吵得不可開交，幾乎就快要決裂，我怒氣沖沖的當下就聽見耳邊出現一個聲音：「道歉」，而且出現了好多次，我知道那是上帝在對我說話。後來我就去向 Kelly 道歉，我們的衝突因此和平地收場。

所以，我也常常為 Kelly 禱告，把她「交給上帝」，當我們愈加倚靠信仰在婚姻中所帶來的幫助，我們也愈加發現，有上帝當我們婚姻的第三者實在真好。

我們夫妻的第三者，就是我們共同的信仰。但如果你並不是這個信仰中的朋友也沒關係，只要你和另一半可以找到一個或一些有助於你們婚姻正向發展的力量，也許是共同的興趣、一項共同熱愛的運動，或一個共同追求的目標，透過

這些可以幫助建造婚姻的「第三者」，夫妻兩人的關係也會因而變得更加緊密。

看完後的小小練習

想想看，並列出來，有沒有哪一些
是有助於你和另一半婚姻關係正向
發展的「第三者」呢？

8

先做「對的人」

　　我有些朋友條件非常好，但是始終單身，問他們為什麼還不結婚？除了有一些人覺得自己還沒準備好要進入婚姻之外，有大部分的朋友說找不到「好對象」。

　　確實，遇見好對象要靠緣分，也得碰運氣。我們尋尋覓覓都希望能遇到好對象，遇到對的人，但有時卻忽略了要先讓自己成為 Mr ／ Miss Right——一個別人眼中的好對象，一個對的人。當你先成為了「一個對的人」，配對成功的機率自然就大增了。

　　在很多兩性交友的節目或實境秀中，經常可以看到參與

的男生／女生，一開始可能會因為第一印象，彼此被外表所吸引，但經過幾輪的對談與相處之後，很多人最後的選擇多半是「好相處」和覺得最「適合」自己的人。

什麼是「對的人」？

我認為至少需要具備以下三點：

第一：好的情緒管理。情緒控管，在人際相處上十分重要。如果你是一個動不動就愛亂發脾氣，或常為了小事而生氣，總是用情緒發洩，要求所有人得配合你，甚至已經到了情緒勒索的地步，那肯定很難找到好對象。

情緒的控管能力差，代表的是可能缺乏自律，或你是一個比較以自我為中心的人。情緒控管在一般時候很難看出，多半是在衝突發生時，或在某些高壓下才能看到一個人的情緒管理能力。

那麼如何管理情緒？首先，你必須瞭解自己的情緒，知道自己的情緒最容易被什麼影響，以及當自己有負面情緒產生時，會如何處理。只要你願意，情緒控管是可以練習的，透過練習，控管情緒的能力也會愈來愈好。

第二：好的三觀價值。哪三觀？金錢觀、交友觀、家庭

觀。一個人對錢的觀念會影響他的行為，而對錢的態度和管理，不管在交往時或進入婚姻後，都非常重要；像是約會時對方總是跟你斤斤計較，那麼未來在錢這件事情上，你們可能要花較多的時間磨合。很多夫妻就常常會為了怎麼用錢而產生衝突。

交友觀往往可以看出一個人是屬於比較「利己」，還是「利他」。重視朋友，人際關係好，這樣很不錯啊，但是分際必須拿捏得宜，因為過度重視朋友，而忽略了身邊的另一半，反而會影響夫妻關係。

家庭觀更重要，一個人對家的觀念常常是婚姻能否幸福的關鍵。雖然我們無法選擇原生家庭，但我們卻可以改變並建造屬於自己心目中的家庭。家是一個人的根本，而家庭中最重要的是「愛」，如果時常把家庭放在第一順位，就能避免許多會對家庭造成影響的不必要事情。

第三：好的信仰生活。不論你相信的是哪一種信仰，只要有一個能讓你正向成長，能讓你透過反思、改變，而使自己更好的信仰都行。因為信仰會影響一個人的行為和生活。以我個人的經驗，如果沒有信仰，很多事情對我來說，是難

以改變，甚至是不願碰觸的。但因為信仰給了我很大力量，讓我相信自己有能力被翻轉，讓我也變得更有目標與盼望。簡單地說，就是讓自己變得更正面。當你成為一個更有正向力量的人，你也會發現自己比以前更具吸引力。

突然想起我跟 Kelly 交往時的一個小故事。有一回，我們一起去旅遊，行程結束，開車返回台北，到了蘇花公路，Kelly 擔心我長途開車太累，於是建議換她開車。兩人一換手沒多久就進入隧道，Kelly 一下子找不到大燈的開關，前方一片黑，下一秒鐘就聽見車子右側擦撞到隧道邊壁的轟隆巨響，開出隧道之後，她趕緊將車子停到路邊。我下車一查看，車子右半邊已經傷痕累累，右前輪也爆胎變形。

Kelly 後來回憶說，原本她以為平時愛車如命的我，會把她唸到死，沒想到，我竟然對她說：「妳還好吧？有沒有嚇到？人沒事就好，這個最重要。」

就是那個當下，Kelly 透過這個小意外發現了我的情緒控管能力和我的三觀。這對我後來能成功娶到她，是有加分的，因為我讓她覺得我是一個「對的人」。

先讓自己成為一個對的人，你就比較有機會遇到適合你

的對的人，就像我們常說的，「花若盛開，蝴蝶自來。」

"If you wanna meet someone who is RIGHT for you, you need to be a RIGHT person first."

看完後的小小練習

你覺得自己是一個「對的人」嗎？

試著想想，有沒有哪一點，是此

刻你最需要再花一點心思與力氣

去改變的？

溝通

夫妻之間需要溝通的事情實在太多，大事小事，公事家事，透過溝通才能更清楚彼此的想法，所以溝通是在跟另一半「對焦」，最後達到共識。「吵架」也是一種溝通，但要如何避免有溝沒通，或避免在溝通時彼此傷害，最後搞得關係破壞，這當中需要的「智慧」和「方法」是什麼？

9

結婚，到底有啥好？

結婚，其實是讓我們成為一個更好的人。

一些朋友已經到了適婚年齡，卻遲遲不願走入婚姻，為什麼？除了一些基於理性思考會有的擔憂跟考量外，通常也會問一個問題：「結婚到底有什麼好？」

好問題！

與其說結婚的好處，不如來逆向思考一下，想想結婚可能有哪些「不好」。在我聽到的例子當中，不外乎以下三種：「進入婚姻就失去自由」、「結了婚就得共同承擔責任」、「婚後為了對方得適度改變自己」。

先說「自由」。單身，一個人想去哪就去哪，說走就走，想吃啥就吃啥，一人飽全家飽，什麼事情都自己一個人做決定就好，獨善其身，豈不樂乎？結了婚，從一個人變成兩個人，就必須把另一半也考慮進來，所以，行程上必須兩個人協調，做決定也需要先和對方溝通討論；另外，對於想多認識朋友的人來說，當有了固定對象，尤其又是進入婚姻，就不能再自由的「想來就來，說走就走。」

但其實在婚姻中仍然可以保有高度的自由，有自己的時間與空間，像我跟 Kelly，現在仍保有各自和朋友聚餐或聚會的私人時間；即便在家裡，有時我需要自己獨處的時間，也只要跟 Kelly 說一聲，就到房間裡處理自己的事情。婚後也一樣還是有認識朋友自由，我們有各自認識的朋友，也有共同的朋友，有時甚至會互相介紹，讓自己的朋友變成另一半的朋友。

當然，婚姻關係跟男女朋友的交往畢竟不同，婚姻更讓彼此有一種歸屬感，所以進入婚姻之後，當然不能像婚前那樣再去認識或交往其他的男女朋友，因為複雜的關係，往往最後痛苦的是自己。

再來說「共同責任」這事。進入婚姻，從此不再是一個人，

兩人有福同享，有難同當，一起為著一個共同的目標而努力，其實是一件很快樂的事。不管是家中的大小事情，生兒育女，或是生活與工作上的瑣事，兩個人一起面對，一起想解決方法，你會發現，兩人力量真的是比一人大得多，兩個人賺錢存錢也都比一個人要快要多。

婚姻伴隨著責任，會讓一個人成長，因為在過程中你會學習到犧牲、付出和成全。我和 Kelly 白手起家，共同努力打造一個屬於我們夢想中的家，很多方面都是一同承擔，一同面對，一路上有很多辛苦，但更多的是甘之如飴的回憶，而這些辛苦到最後也都是美好成果。

當我們都願意為婚姻負起責任，委身在我們的家庭和關係裡，就會發覺自己又更進一步。一個懂得負責的人，也一定會是一個容易成功的人。

結婚就得為了對方改變自己，這一點要看你從哪一個角度去看待。改變，對一個人來說是非常不容易的，尤其在婚後，雙方需要彼此配合，甚至妥協，舉凡觀念、對人對事的態度和做法、生活習慣等等，一定會有一段「不適應」的時期，但是透過婚姻調整自己，未嘗不是一件好事。

「兩個人總比一個人好，因為兩人勞碌同得美好的果效。」

老祖宗創造文字是很有智慧的，「伴」這個字，是「人」加「半」，也就是要成為別人的伴，你就必須讓出自己的一半，所以，婚姻其實應該是「0.5＋0.5」，兩人成為1。可是在讓出的過程中，你會發現自己因為這些調整或甚至改變，而使自己成為了更好的人，可能是脾氣變好了，耐性變多了，更溫柔了，更體貼了，甚至更有智慧了。當我們習慣正面看待這種種的改變，我們也就變成一個不斷在升級的自己。

就像電影《征服情愛》中，男主角最後對女主角說的經典台詞：「You complete me.（你使我完整）」。婚姻是有機會幫助一個人去學習，讓自己變得更好的。身為一個婚姻受益者，我個人是非常認同，結婚真好！

看完後的小小練習

未婚的朋友，不妨列出你希望婚姻帶給你的三個好處。

已婚的朋友，想一想，在婚姻當中，你所得到的三個好處是什麼？

10

因為不完美，所以才完美

　　沒有人是完美的，相信應該大家都同意吧？

　　追求「完美」是好事，人人也都希望自己盡可能完美，所以在交往時，會希望對方長相完美、身材完美、腦袋也要完美、家世完美、最好樣樣都完美，但就算真的有這樣完美的人出現，恐怕也不見得會成為你的另一半。

　　帶著完美主義進入婚姻，最後你可能會發現自己變得不開心，覺得不幸福。天底下本來就沒有完美的人，那些我們認為已經很完美或是趨近完美的人，也只是一般人，也會有平凡人的軟弱跟缺點，只是你沒看見而已。當你帶著要求對

方是完美的眼光進入婚姻，當然會不快樂，因為期望越高，失望就會越大。我並不是要你消極地接受對方的一切缺點，而是希望你能明白「人不會是完美」這個根本性的問題，就能用包容的心態去看待婚姻與另一半。

　　我以前覺得自己很完美（真的是自我感覺非常良好），殊不知我的缺點一大堆，我的情緒控管能力雖然好，但偶爾還是會失控罵人，表面上看起來是好好先生，私底下兇起來還是很可怕的；但只有跟我朝夕相處的枕邊人才有機會看見這些缺點。如果在婚姻中，每天都還帶著「偶像包袱」過生活是很辛苦的，還好我在 Kelly 一點一滴地引導下，承認自己的不完美，更接受自己的不完美，終於如釋重負。

　　遇到完美的對象，就會有完美的婚姻嗎？那可不一定。我有一位朋友，高大帥氣，一表人才，氣質談吐與專業素養都在一般水準之上，可說是黃金單身漢，很多人都想幫他介紹女朋友。後來他結婚了，另一半在外人眼中也是外表與內涵都非常出眾的女生，他們的組合簡直就是金童玉女。大家都很為他們開心和祝福。但沒過幾年，就聽聞他們已經離婚的消息，後來才知道，女方控訴男方在吵架起衝突時會動粗，

對她暴力相向，男方則指責女方常常情緒化，歇斯底里，搞得全家雞飛狗跳，雙方最後決定各分東西。

另一位朋友的先生是大老闆，她在大家眼中是辣媽型的美女。每次聚會時，都會聽到女性朋友此起彼落的稱讚這位辣媽，請教她的身材如何保持得這麼好，令人羨慕。她老公的生意做得很成功，也讓她沒有經濟上的擔憂，幸福的婚姻人人稱羨。但後來，也聽說他們離婚了，原因是她丈夫婚後仍像婚前一樣風流成性，即使自己的另一半貌美如花，身材姣好，但他還是在外面到處「交朋友」，以致夫妻兩人漸行漸遠。

聽到這些朋友的例子，總令我覺得惋惜，完美的組合不保證會有完美的結局。結婚之後的相處，生活中的互動，確實會愈來愈發現對方的不完美，但這些不完美多半都是一些個性或行為會讓你「牙起來」的點，這時只需要用較大的包容心去接納對方的不完美。前面所舉的那兩個例子，一個使用暴力，另一個對婚姻不忠，比較極端，並不在此列。

當彼此能接納對方的不完美，關係也才能維持長久。這麼多年來，與我天天朝夕相處的何太太 Kelly 最清楚我不完美的部

分，也多虧並感謝她的包容力，接納我的不完美。每當有人跟
Kelly 說，真羨慕妳有這樣的好老公，我心裡都在想，如果妳是
「何太太」就會知道當我的另一半是件多不容易的事。

　　情侶或夫妻，戀愛或結婚，其實都在學習相處，在相處
中發現對方的完美，也發現對方更多的不完美，能夠一直走
下去，就在於是否有一顆願意接納跟包容對方不完美的心，
調整自己看對方的眼光，知道對方不完美是正常的，也才能
打造出屬於彼此長久的完美關係。

看完後的小小練習

你覺得自己並不完美，但另一半卻始終
願意接納和包容你的事項？想一下，列
出三個。然後感謝他／她的包容。

11

男人做家事，保證加一分

　　現在是男女平權的時代，「男主外，女主內」的家庭分工已經不再像過去那麼明顯，很多家庭都是夫妻雙薪，一起為家庭打拚。既然雙方都在工作賺錢，為家庭努力付出，那麼家裡的事，也就是家事，兩人共同分擔，彼此分工合作，很合理。

　　家事有哪些呢？舉凡洗碗、洗衣服、掃地、拖地、整理東西、簡單修繕、甚至下廚煮飯都包括在內，家中的大小瑣事實在太多，無法一一列舉。不論你是未婚還是已婚者，會做家事的男人最有魅力，而且保證會加分。能夠加幾分呢？

加一分。

什麼？才加一分？千萬別小看這一分，憑著這一分，談戀愛的朋友就有機會殺出重圍，抱得美人歸；已婚的朋友在和另一半衝突時，也有機會靠著它取得免死金牌。

我在追求 Kelly 的時候，有一年情人節，我特別用心設計了一套「情人餐」，從前菜的沙拉、海鮮濃湯、烤麵包到主餐牛排，最後再上一道小甜點。雖然並非每一道都是我親手烹調，但至少主餐牛排是自己煎的，誠意十足。那次果然讓 Kelly 驚艷，也讓我在追求她的行動上，加了一分。

下廚也算家事之一，但我並不是說每個人都要學習當大廚，因為我就不是，可是廚房裡一些簡單基本的烹調，至少要學一學。因為我真的聽過有男人在結婚之後，連燒開水、煮水餃都不會。

為什麼做家事會讓男人加分？我認為至少三個原因：**第一，代表你不是一個「男尊女卑」的人。第二，代表你是一個願意為家付出跟承擔的人。第三，代表你是一個願意學習體貼對方的人。**

現在這個年代，一回到家就翹腳滑手機、喝茶的大男人

已經不再是市場主流，尤其在雙薪家庭，夫妻兩個人都在工作，都很辛苦，而家事並不是屬於太太的責任，男人如果主動做家事，太太會覺得有被體貼到。如果家事長期都是落在太太一個人身上，久了，對婚姻關係是很不健康的。

我和 Kelly 曾經主持一個家庭節目，某次有位女來賓在節目中分享，她和先生都是上班族，但每天下班回家，老公都一直在打電動玩線上遊戲，不幫忙做家事，長期下來，這位女來賓覺得身心俱疲，甚至有好幾度萌生離婚念頭。

說到這兒，我要感謝我的父母，給了我許多練習做家事的機會。我從小被訓練洗碗、煮飯、洗衣服，自己照顧自己，加上後來我離家到外地求學，在生活上更加獨立。現在回想起過去，真覺得是一種祝福。現在我常會跟兒子分享，告訴他，如果會做家事，應該比較容易追得到女朋友。同時，我們也常製造機會，讓孩子參與分擔一些家事。

在我和 Kelly 多年的婚姻中，家事都是分工，粗重的活兒、洗碗、洗衣、掃地、拖地都交給我，收納整理等這些需要比較細心的工作，則由 Kelly 負責。儘管有明確的分工，但我們還是會互相 cover，畢竟家是我們一起建立的，家事也該由兩

「你們做丈夫的，要愛你們的妻子，不可苦待她們。」

人一起做。

　　做家事，表示你願意為家付出，也表示你願意體貼另一半，這樣還能不加分嗎？突然想到，以前我還是 Kelly 男朋友的時候，到她家作客，好幾次吃完飯，我會主動地幫忙洗碗。後來岳母告訴我，這個動作當時真的有幫我在 Kelly 家人心中增加了許多印象分數。

看完後的小小練習

男士們，請想想另一半最需要你幫忙的一件家事？

女士們，請告訴另一半，妳最需要他幫忙分擔的一件家事是什麼？

12

既然在一起，就全然相信

　　交往，最重要的事莫過於信任。你不信任我，我也不信任你，兩個人每天都陷在懷疑和猜忌當中，這段關係很難維持長久。

　　「信任對方」和「成為值得被信任的另一半」都需要練習。有些人天生缺乏安全感，或欠缺自信，或曾經因為相信別人而受了傷，對他們來說，信任他人是困難的。同樣的，要做到讓對方愈來愈信任你，也不是靠嘴巴說說，你必須用行動證明。

　　先說信任對方這件事，我跟 Kelly 交往時，我常擔心有情

敵出現，擔心 Kelly 因為其他的追求者而變心，所以有幾次當 Kelly 跟我分享，她收到其他男生送的禮物，或是有男生表示很欣賞她，以及她的家人曾經幫她安排相親，聽到這些事時，我的臉色就會變得很難看，心裡很不高興，因為吃醋和嫉妒而出現負面的情緒。

儘管當時 Kelly 告訴我，就算有這些狀況（追求者），她也不會為之所動，不會輕易改變我們之間的關係和對我的心意，但當時的我聽不太進去，總是用生氣來表達我的情緒跟反應。

後來仔細深入思考，才發現原來我是因為「缺乏自信」，覺得自己不夠好，比不上別人，才會對 Kelly 有不信任的反應。雖然當時我告訴 Kelly，我相信她，我只是不相信其他人；但對 Kelly 來說，她感受到的是：我對她的不信任。

後來有一次，Kelly 跟我分享關於「信任」：如果你要相信一個人，一開始就要選擇全然相信。除非對方的一些行為或實際做出來的事情，讓你愈來愈覺得他不值得信任，否則就應該百分百的信任對方。因為當你常常懷疑或猜忌對方，會讓對方也覺得很沒安全感。況且兩個人相處會發生問題，

一定是兩個人的關係有狀況。兩個人如果沒有問題，就算有外力出現，也不會造成任何影響。

在兩性交往的智慧上，我真的跟 Kelly 學了不少。

再來說，如何成為讓對方信任的另一半？其實一點也不難，就是增加對方的安全感。怎麼做？也很簡單，就是主動一點，主動分享，主動回報，主動提出討論。像我現在有個生活上的小習慣，也是 Kelly 協助我建立的，就是會主動回報行程，去了哪裡、做了什麼事情、什麼時候結束、什麼時候回家，都會在全家群組中一一地主動告知，讓家人一目瞭然。不用等別人問，自己先主動告知，不但減少了很多被追著問的情形發生，信任感也就是這樣累積出來的。

一個人之所以會被信任，絕對不只是因為他「說」了什麼，更多是因為他「做」了什麼。同理可證，不被信任也是因為如此，所以，回到交往和婚姻關係中的雙方，我以一位過來人的經驗建議大家，相處上，學習全然的信任，因為「值得被信任」是可以透過鼓勵而造就出的，當我們覺得有被另一半足夠的信任，自然也會很正面地用表現來回應跟證明。

看完後的小小練習

你覺得跟另一半的相處中，可以怎麼做，讓自己的被信任感再提升呢？

13

已婚者，請加油

　　有人是這麼形容婚姻的：「在外頭的，努力地想衝進去；在裡頭的，努力地想衝出來。」身邊有些朋友有時分享他們不願意進入婚姻的原因，是因為看到已婚的朋友過得並不快樂，甚至是在婚姻中「受傷」。

　　如果你即將步入婚姻，正好看到這篇，千萬別恐慌，也別擔憂，靜下心，想一想婚姻的真諦。古人說得好：「婚姻並不是兒戲。」一語道出進入婚姻就該看重婚姻的意義，不是小孩子玩扮家家酒，想玩就玩，不想玩就散。

　　但是，當婚姻已經不再是一種享受，而是不斷的忍受，

甚至已經忍無可忍了，怎麼辦呢？婚姻真的會到走投無路這一步嗎？

當然會。只是，當發現婚姻已經無路可走之前，只要雙方都願意再努力，而且願意努力「改變自己」，而不是努力去改變對方，那麼婚姻仍然有機會逆轉勝。

多年的婚姻中，我的學習告訴我，當你願意開始改變，你的另一半也會開始跟著改變。但如果你不願意改變，很多的老問題，不但會重複發生，而且始終無解。

我是一個向來不喜歡面對衝突的人，結婚多年來，每次跟 Kelly 吵架的時候，我的反應幾乎都是冷處理。原本，我以為這種「打不還手，罵不還口」的方式就是解決我們之間衝突的最好辦法；但是在 Kelly 的立場，她卻認為我這樣的態度是一種逃避，以致於我們常在衝突之後，就會進入冷戰模式，相敬如「冰」地持續好一陣子。

衝突之後就進入冷戰模式，一再重複，維持了很多年，其實我知道這樣的模式對我們的婚姻很不健康。有一次，我們又吵架，但是我改變了自己以往在衝突之後的應對方式，吵架隔天，我用文字取代對話，把心裡的想法寫下來，透過

文字讓 Kelly 瞭解我的感受。當然在字裡行間也表達了我深深的歉意，果然就改變了我們衝突之後的發展，不再進入冷戰期。

但是，我們很容易一不小心就又回到原來舊有的習慣或模式中。因而後來幾次的衝突，我又用了舊模式應對，結果想當然爾，我們又冷戰了好一段時間才和好。

現在，我和 Kelly 偶爾還是會因為一些事情產生摩擦或對立，當下有情緒的時候，我會選擇一個人到房間裡，讓自己安靜下來，這時心裡就會出現許多 OS，有很負面的嫌棄另一半的聲音，但也會有一個聲音告訴我，放下男人的驕傲，如果你真心愛另一半，就別那麼在乎你那可笑的自尊，出去道個歉吧！果然，當我不那麼在意自己的面子，走出房間，跟 Kelly 說對不起，請求她的原諒，她的心也頓時柔軟下來，我們夫妻很快就和好了。

婚姻很不容易，但也因為這樣的不容易而更顯可貴。一對夫妻能夠走完一輩子，真的很難得。

某次，我為一對長輩主持他們的金婚喜宴。兩位老人家相守 50 年，我很好奇他們是如何做到的？結果，他們給了一個答案：「懂得感激對方的付出。」這就是他們相守半世紀的祕訣。

老先生分享說，他年輕時，因為工作關係，必須國內海外東奔西跑，有好幾個結婚紀念日都因為太忙或有要事在身，沒能好好慶祝，但他的太太從不抱怨，一直把家裡照顧得很好，讓他無後顧之憂。而他也從不吝於讚美並感謝他的太太，使太太也覺得欣慰。老太太則說，先生長年為家庭和家人無悔付出的責任感，也讓她深深感謝。就這樣，夫妻倆一牽手就過了 50 個年頭。

未婚的朋友常會觀察自己身邊已婚朋友的生活，當做是否進入婚姻的參考，這也提醒我，要更多的加油，因為我相信，我和 Kelly 的婚姻也有很多人在看，不敢說我們是榜樣，但起碼是個重要的參考。

看完後的小小練習

已婚的朋友，不妨想一下，你覺得自己的婚姻足以「激勵」身旁未婚朋友的事有哪些呢？

14

我們，其實是彼此需要

男人比較需要女人？還是女人比較需要男人呢？

在回答這個問題之前，倒是可以觀察身旁一些朋友們，當他們選擇恢復單身，或因為其他緣故而變成一個人生活之後，他們的改變如何。

根據我非正式的觀察和心得是，多數的女性通常沒有男人在身邊，還是可以過得很精彩；不管是進修上課，認識新朋友，或是重回職場，自力更生，都難不倒她們。反觀男性朋友，當他身邊的女人一旦不在了，多半都會陷入好一陣子低潮，失魂落魄，消沉邋遢，甚至有的像行屍走肉一般，要

不就是急著再找另一個對象，趕緊投入另一段新的關係。

不得不承認，女人的韌性天生比男人強得多。

我曾經想過，如果萬一有一天，我和 Kelly 從彼此的生活和生命中消失，那時一個人的日子會有什麼不同？後來覺得應該是我會極度無法適應，所以得到的結論就是，我比較需要 Kelly。

有一次我們夫妻討論到「是誰比較需要誰」的問題，於是我們就開始列出在日常生活中，包括公事和私事兩方面，彼此能為對方分擔解勞和處理的事情。

於是，我先例出：私事上，每天早上是我負責送孩子上學；他們放學，有時也是我負責接回家。偶爾也會順路接送 Kelly 出門和回家。家事上，洗碗、洗衣服、拖地，這些清潔的粗活皆由我包辦。公事方面，Kelly 多年來擔任企業的品牌顧問，工作上許多問題，她自己就可以和團隊共同解決。我反覆想來想去，她的工作沒什麼需要我介入與幫忙之處。

輪到 Kelly 列舉：私事方面，她也有參與家務，她的強項是歸納、分類與整理，所以我們家的收納規矩和制度的建立，都出自她的想法。比如，我們家有許多個 Line 群組，按照不

同功能分門別類，像是全體的大群組，以及健康相關、財務花費、旅遊計劃、孩子的學習課業等等小群組，重點在於讓全家人能夠同步溝通與協調。家裡的開銷，精打細算的也是Kelly，她是屬於會把錢用在刀口上的人，所以家裡需要買什麼，通常也是由她決定（很棒的一點是，她都會先跟我討論，並尊重我的想法之後再下決定）。

至於公事上，Kelly 幾乎身兼我的經紀人、祕書、助理，協助打點我所有工作上的大小事情。雖然有旁人幫忙，但關鍵的細節還是得透過 Kelly 處理，因為細心的她，總讓我覺得很安心。尤其是許多人情世故的小細節，Kelly 總會從旁提醒我該注意的禮節。

如何評估自己比較需要對方，還是對方比較需要你？其實就看你做的事情是不是有「不可取代性」，前述我所做的事，像接送、家務，其實 Uber 和幫傭就可以代勞，但 Kelly 做的事，並不是其他人可以輕易取代的。

乍聽之下，想必大家已經明白為什麼我比較需要 Kelly 了。不過，我們夫妻得到的結論是，「其實我們彼此需要」，因為我做的事多半得出力，Kelly 做的事多半得動腦，並不衝

突，而是互相幫補，截長補短，彼此支援。生活上的事務性功能的確可以由外人取代，但是夫妻情感和親密關係卻不是其他外人能取代的，我們夫妻就是一個生命共同體。

既然答案很清楚了，那麼在婚姻中就別再問這種「到底是你需要我，還是我需要你」的問題了。

彼此需要就是一種幸福！

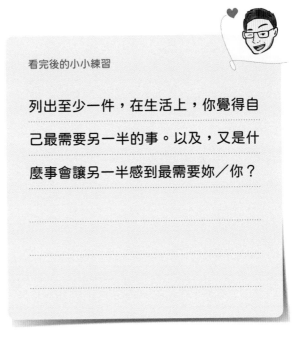

看完後的小小練習

列出至少一件，在生活上，你覺得自己最需要另一半的事。以及，又是什麼事會讓另一半感到最需要妳／你？

15

五句摧毀關係的核彈級話語

古人說：「禍從口出。」這句話也適用於婚姻。即便當下我們是說者無心，但如果聽者有意，這些具有殺傷力又已經說出口的話，就像覆水難收，甚至如同核彈一般，足以摧毀夫妻的感情與關係。

夫妻相處難免意見相左起爭執，在氣頭上時會忍不住說些不好聽的話，但是有五句話一定要千萬避免，因為這五句話可是具備核彈級毀滅性的力道！

不可說的第一句：**你就跟你爸／媽一樣糟糕！**

其實還有一句類似的，就是「你們家都是一個樣」，類

似這樣的話語不但否定了你的另一半，更連帶否定了另一半的父母和家人。

我們每個人都來自不同的家庭，難免會受到父母親的影響，但是在成長的過程中，我們會學習修正自己，會希望汲取父母的優點，摒棄父母的缺點。我想大家都不喜歡自己的家庭被另一半批評，所以當聽到自己的家人，尤其又是自己的父母，被另一半連帶批評，通常理智就很容易斷線！

不可說的第二句：**你一輩子都改不了！**

這句話基本上就好像判了另一半死刑一樣，是一句放棄希望，令人徹底絕望的話。人，確實很難改變，但有些小地方或習慣，我覺得還是有機會可以透過時間慢慢調整，有時甚至可能會出現令人意想不到的奇蹟。但當我們已經判定對方一輩子就這樣了，那就真的別期望他們能做什麼調整。當另一半覺得你已經放棄他了，多半就會朝向自我放棄，但是這樣的結果對於兩人關係和婚姻，完全沒有任何幫助。

不可說的第三句話是：**我真是倒了八輩子的楣才娶／嫁了妳／你！**

這句話其實帶有很深的後悔之意，而且有一種完全否定

「舌頭在百體裡也是最小的，卻能說大話。看哪，最小的火能點著最大的森林。」

另一半的意思，代表當初在決定結婚時，你沒有想清楚，或許認識對方不清，或是即便想清楚，現在卻對當年的決定感到後悔不已。而且這句話在否定另一半的同時，也等於否定了你自己的眼光。

不可說的第四句：**那個誰誰誰都比你強！**

這句話的殺傷力也很強，因為人都不喜歡被比較，尤其是在婚姻中，當你拿自己的另一半去跟別人相比，你會發現永遠比不完，因為你看到的只是表面，也許別人也羨慕著你的另一半呢。這句話尤其會讓你的另一半感到尊嚴被傷害。

第五句：**那不然就離婚啊！**

這句聽起來像是殺手鐧，不過建議不要常用，最好一次都不要說出口。大家都聽過「狼來了」的故事，一旦常常說，說久了，等到另一半認真起來，當成一回事，仔細考慮後決定分開，到那個時候要後悔，可能已經來不及了！畢竟，常常把離婚掛在嘴邊，會讓另一半誤以為婚姻對你來說，並不是很重要。我更建議，這句話一次都不要說出口，婚姻是神聖的，不要拿離婚來當吵架的利器。

前面這五句話都充滿了否定對方的負面能量，具有核彈

等級的威力，若在兩人發生衝突時，常常拿出來說，反而會適得其反，對於夫妻關係的殺傷力也很強大。為什麼我會說這五句話都具有核彈的威脅性？因為當我們對另一半說出這些話時，很可能會引發對方的激烈反擊，就像是兩個擁有核武的國家，都按下了發射核彈的按鈕一樣，彼此防護，最終玉石俱焚，落得兩敗俱傷！

所以，千萬別小看這五句話的殺傷力！

看完後的小小練習

你覺得還有哪些狠話，是在衝突時會造成雙方關係更惡劣的話語？寫下來，提醒自己，在吵架時，這些話千萬不可說出口。

16

把太太當成「最好的朋友」

　　在業務界有一句名言：Treat your customers as your family.
（把你的客戶當成你的家人）意思是，當你把客戶當成家人時，
就會站在為家人著想的角度，給予客戶最好的服務。這句話
給我在婚姻中的提醒是：Treat your wife as your very best friend.
（把太太當成是你最好的朋友般對待）

　　Kelly 三不五時就會對我說的一句話是：「當你的好朋友
真是比當你太太還幸福。」

　　短短一句話卻有深深的提醒，而且還真的滿有道理。當
我們開始轉念，把另一半當成我們最好的朋友來對待，很多

時候，我們的態度和行為也都會跟著不一樣。

　　記得有一次我們帶著家中長輩和兩個孩子出門踏青，因為是假日又遇上大塞車，一路走走停停，到了一個上坡路段，車子又塞住而停了下來。這時 Kelly 拿出保溫杯，打開杯蓋，準備喝咖啡時，我看見前方車子開始移動，就立刻踩下油門，慘劇就這樣發生了！車子加速上坡的力道過大，導致 Kelly 手上的咖啡因為車子緩衝而衝進她的鼻子，還潑灑出來弄濕了她的衣褲和車椅。大家可以想見接下來的發展⋯⋯

　　Kelly：「你是怎麼開車的？你沒看到我正在喝咖啡嗎？油門幹嘛踩那麼緊？你就不能夠慢慢地行進⋯⋯」

　　我：「我要專心開車，注意前後的車子，根本沒看到妳在喝咖啡，而且這是上坡路段又一直塞車，我怎麼會知道我一踩油門，妳就剛好要喝咖啡呢？」

　　Kelly：「我鼻子裡面都是咖啡，衣服和褲子也都灑到咖啡了，難道你不覺得應該先跟我道歉？」

　　我：「我又不是故意害妳弄得一身咖啡，幹嘛要對不起？」

　　我們兩個就在車上，你一言我一語地爭論起來，雙方都在氣頭上，互不相讓。這時，Kelly 對我說了一句當頭棒喝的

▋婚姻的「相處智慧」，很多時候是在出外旅遊
的經歷中領悟和累積的。

話：「如果我是你的好朋友，你會有同樣的反應嗎？」

這一問，立馬幫我的理智線拉了回來，我開始反省，的確，如果坐在旁邊的是我的好朋友，我當下的第一個反應，一定是立刻向對方說對不起，然後一邊道歉，一邊詢問好朋友有沒有燙傷，並想辦法處理咖啡倒在對方身上的困擾，可是對象換成了自己的另一半，態度卻是 180 度不一樣。

我想，應該不只有我會這樣，很多時候，我們在對待家人和外人，尤其又是好朋友的方式上會有所分別，不管是說話，還是互動，對待好朋友甚至比家人要客氣禮貌許多。但如果能夠做到一視同仁，我們怎麼對待好朋友，就怎麼對待另一半，你會發現許多衝突不至於再擴大或變得更嚴重。

所以後來，我們夫妻如果發生爭執或是出現類似前面的突發狀況時，Kelly 就會適時地提醒我，「現在，請把我當成你的好朋友。」這實在是一個很有智慧的提醒。

夫妻相處久了，關係就跟家人一樣，互動上會因為是家人，就不再顧慮應該要有的客氣、禮讓、包容和原諒，此時，試著轉換你的眼光，想像你的另一半就是你最好的朋友，你會發現怒氣真的立馬消除掉一半。

看完後的小小練習

想一想，至少想一件，你對於好朋友

會寬容大度的事情。若是你和另一半

的關係正好在緊張之中，想想看，若

另一半是你最好的朋友，你會如何處

理目前的問題？

17　我們分手吧

　　猛一看這主題，你可能會嚇一跳！婚姻會不會有一天到了走不下去的地步？在我們夫妻 21 年的婚姻當中，有沒有過這種情況，當然有。王子與公主從此每天過著幸福快樂的日子，是童話。而婚姻，是柴米油鹽醬醋茶的生活，是實話。

　　婚姻中的兩個人當然有可能會面臨走不下去的那一天，不過，有句話說，「和平不到最後關頭，絕不放棄和平。」同樣的，婚姻不到最後盡頭，絕不放棄婚姻。」但如果真正到了盡頭，怎麼辦呢？

　　關於戀愛與結婚，我們從小到大很少被教導如何好好分

手，如何在分開前，理性的去和對方溝通，去明白兩人實在難以再走下去的關鍵，最後決定彼此祝福。所以，結婚時，我們總是歡歡喜喜，大張旗鼓地宣告眾人，但很少看到有人離婚時會昭告天下，通常都是低調再低調。

我並不鼓勵夫妻走上分手一途，因為相處中的所有問題，只要有解決的方法，加上彼此願意調整與包容，都有機會繼續走下去，但是當真的沒有辦法的時候，比如面臨對方暴力相向，甚至可能威脅生命，當然就不鼓勵繼續在一起。撇開這種極端的例子不談，單就兩人覺得不適合，緣分已盡，而決定分開，以下三點小小建議，提供參考。

首先，好聚好散，一人一半。

我看過與聽過太多例子，決定分開的夫妻都是在錢的事情上喬不攏，甚至對簿公堂。在彼此相愛時，我相信雙方一定都在這段關係上投入許多心力，或許有多有少，但不管是時間、金錢、或感情，其實都不需要被抹煞，面對分手，站在一個感恩對方曾經為這段婚姻關係努力過，公平起見，不妨考慮財產一人一半的協議。男人其實應該更大方大器，不用五五分，六四分或七三分皆可。而且女性在婚姻中所犧牲

和失去的，往往比男性還要多，光基於這一點，就別計較了。

第二，愛是成全與祝福。

雖然分開，雙方都痛，但與其雙方繼續更痛苦的維持在這段關係中，不如彼此成全，並且祝福對方。這很不容易，所以需要「放手的智慧」。

真正的愛，就是即使對方有一天不可愛了，你／妳還是一樣願意愛她／他。當對方想要離開這段關係，顯然是不可愛的，但他努力過了，還是無法解決問題，就放手讓對方去展開新生活，擁有新的幸福。

站在祝福的角度，也許分開後，不能再是朋友，但至少你會祝福對方每一天開開心心的，而不是成為一個恐怖的 ex（前任），甚至做出傷害對方的舉動。真正愛一個人，是不會想傷害對方的。我每次看社會新聞，聽到那些傷害前任的當事人說，都是因為自己太愛對方了，才會做出傷害對方的傻事，就覺得超級傻眼！

最後，大人的問題與孩子無關。

這是針對婚姻關係中，有了孩子的朋友們。小孩是最無辜的，他們沒有必要去面對或承受大人的問題。最近幾年愈

來愈多離異的兩人成為「合作父母」，也就是不想讓孩子因為父母的分開，而感到失去了父愛或母愛。而合作父母能讓孩子們依舊有安全感，讓孩子們知道，雖然父母不在一起，但是對於他們的愛並不會因此而消失，這也可以讓他們更坦然面對父母的分開。

這也讓我突然想到，我和 Kelly 吵架時，會盡量避免讓孩子陷入選邊站的窘境，因為一邊是爸爸，一邊是媽媽，要叫孩子怎麼選？我們會盡可能地不讓衝突的流彈波及到兩個孩子。很感恩的，隨著長大，他們很清楚明白爸爸媽媽在激烈溝通之後，最終還是會和好。而且在過程當中，他們甚至願意主動介入作為調停者。

有句話說：「上台靠機會，下台靠智慧」，婚姻不也是一樣，「牽手靠機會，分手靠智慧」。萬一，萬一，萬一真的有這麼一天，希望我們都可以做一個有智慧的人。不過，還是要再說一下，婚姻不到最後盡頭，絕不輕言放棄婚姻。

看完後的小小練習

你也曾經面臨思考跟另一半「分手」
的時刻嗎？你覺得有什麼方法可以
「平和地」分手呢？

18

夫妻不僅談情說愛
更應談「錢」說愛

夫妻之間，談錢傷感情？

曾經，我也這麼以為，後來覺得其實一點也不！

關於錢的事，應該談，因為這是好事。但是夫妻談錢，有幾個重點：第一，在談的過程中，夫妻要能透過溝通，多瞭解彼此的金錢觀和價值觀。（其實這應該在婚前，交往穩定時就該好好談一下）。第二，婚後，家庭的錢要怎麼用？也就是全家財務如何分配，和賺錢分工的問題，以及夫妻各自的「個人」財務規劃，講白一點就是私房錢啦。

夫妻談錢，有一個很重要的原則，就是「切勿不可太過

計較」，只要大方向是對的，小細節就不需要太過在意。

　　每個家都有一位主要管錢的人，在你們家，是你管錢，還是另一半管錢呢？我們家負責管錢的那個人是我，但坦白說，我管理得並不好。與其說我愛管錢，倒不如說我愛存錢，每次到銀行處理存款，我總是特別開心。所以我們家真正規劃財務的其實是 Kelly，記帳的是她，決定家中許多重要開銷支出項目是她，控管家用預算的也是她，家中的財務大臣自然非她莫屬。

　　我們在婚前就曾經討論過，成家之後的財務管理與規劃問題。當年結婚，我是跟母親無息借款了一百萬元做為成家基金，之後，按月償還到還清為止。我的大學學費則是靠助學貸款，當時的貸款利率不像現在這麼低，如果沒記錯，利率超過 6%，所以後來我上班賺的薪水，每個月都要撥部分去還助學貸款。也就是說，我結婚時，其實是負債的（現在想起來，還是覺得當年 Kelly 願意嫁給我，真的很有勇氣。）幸運的是，當年親友間流行互助會，也就是所謂的「標會」，我就靠著努力工作賺錢以及「跟會」強迫儲蓄慢慢累積存款。

　　即使我有要努力存錢的衝勁，但我對錢真的沒什麼概念。

有一次 Kelly 跟我聊天時發現，當時的我每個月刷的信用卡費，都只付最低的應繳金額，她簡直驚呆了！然後她計算了一下我的卡費，光是循環利息，每個月就會被銀行多賺走多少錢；我一聽，也驚呆了！從此以後，我的信用卡費都會一次繳清。諸如此類的精打細算角色，在我們家通常都是 Kelly。而這麼多年來，我也從 Kelly 那邊學習到花錢之前要先做足功課，然後貨比三家，精準消費。

養兒育女，成家不易，我們夫妻在用錢上倒是有一致的共識，當用則用，當省則省，把錢花在刀口上，所以並不是便宜的就買，貴的就不買，而是更多思考這筆錢花得是否值得。

當年我們決定買下人生中第一間房子的那一筆錢，原本我是打算拿來換新車的，不過 Kelly 當時告訴我「先買房，再換車」，因為房子會增值，車子會折舊。果然，「聽某嘴，大富貴」，Kelly 是對的。我們先買了房子，有了遮風避雨的地方，兩人的心更安定了。經過了幾年，房子增值了，而我後來也換了新車，雖然買房和買車的貸款壓力不小，但也讓我對於養家有更大的責任感，而且真的是樂在其中，我覺得這就是甜蜜的負荷。

我和 Kelly 很少「管」（過問）彼此的用錢，因為我們都知道對方不會亂花錢，雖然我們也會買一些名牌，但大多時候都是選擇 CP 值高的東西。Kelly 其實比我還節省，不論是平日的吃穿，或是交通，一直到現在，除了偶爾有我接送外，大部分的時間，Kelly 最常選擇的交通工具就是大眾運輸系統。她也常常跟兩個孩子分享，搭乘公車或捷運既省錢又能利用時間處理許多事情，一舉兩得。

　　說完了花錢，接著來談賺錢。我們家的錢，我賺的，是大家的；Kelly 賺的，是她的，但也是大家的；怎麼說？

　　我們家有一個「大水庫」，全家的主要開支都是由這個大水庫處理，我的任務就是努力讓這個大水庫始終有水，日常家用與生活相關的開銷，還有孩子大了之後的零用錢，多半都是由我負責。

　　而 Kelly 的儲蓄有一個很重要的功能，就是「家庭緊急預備金」，也就是用來應付生活意外產生的突然開銷，做為隨時後援之用。多年前，我們兩人都離開了領固定月薪的工作崗位之後，尤其是我，經歷了好幾次存款時而很豐富，時而卻很匱乏的狀態；有幾次甚至在繳完當月該付的所有費用之

後，赫然發現帳戶的餘額竟然只剩下四位數。但真的很奇妙，每次遇到這種財務上的難關，總會突然有一份意外的收入。而且多虧了 Kelly 儲備的預備金，讓我們家始終沒有陷入財務窮困的處境。

我們對彼此有「私房錢」這件事情也很尊重，重要的是我們真的不太計較另一半是否有存私房錢，或者用這筆私房錢來做什麼。雖然私房錢是屬於各自的，但因為我們彼此信任，也相信對方不會隨便亂花錢，而且我們一起努力賺的錢就是為了這個家，為了孩子，所以實在沒什麼好計較的。

我們也曾經像許多人一樣，會擔心家裡的錢不夠用，擔心財務的負擔過大，經過這麼多年，一路走來，我真心覺得充滿了恩典，不僅僅是我們夫妻在錢的事情上有更多共識，更發現古人說的還真對，娶妻、生子、搬家之後，原本對錢不夠用的憂慮其實沒有想像中這麼大，我想應該是因為我們更懂得如何協調家庭財務上的調度。希望我們的經驗能讓一些想結婚或想生孩子，卻擔心錢不夠用的年輕朋友們，對未來有更多的信心和盼望。

看完後的小小練習

您或另一半清楚家中目前的財務狀況嗎？

不妨找個時間，兩人好好聊一聊，瞭解一

下家中的收支現況，討論如何開源節流。

成為一家人之後

夫妻兩人的背後代表了至少兩個家庭。婆媳、岳家的相處之道,還有,婚後開始進入磨合期,如果再加上有了小孩,夫妻的「兩人世界」不再,已成為「一家人」的夫妻,如何同心合力把家管理好,並維繫好婚姻關係,遇到「撞牆期」來臨,可能得面對什麼問題?又該如何安然度過?

19

你媽永遠不會是她媽

　　先講結論：婆媳問題，千百年來，始終難解，而關鍵人物，不是婆婆，也不是媳婦，而是夾在中間的兒子。

　　男人必須要瞭解一件事，就算結了婚，兩家人成為一家人，但你的媽媽永遠不會是她的媽媽，這是婆媳問題很重要的一個根本性關鍵。不管是兒子娶媳婦，還是女兒嫁給女婿，長期以來，我們總會聽到長輩們說，「從今以後，我們會把你／妳當成自己的兒子／女兒一樣對待與疼愛。」身為晚輩的我們，也常常因此就期待或甚至要求另一半，也應該把公婆／岳父母當成自己的爸媽對待，孝順敬愛。

這個觀念其實沒有什麼問題，但重點是，姻親因為沒有血緣關係，所以許多婆婆雖然口頭上說「會把媳婦當成自己的女兒對待」，但往往並非如此，同樣一件事情，對於自己的女兒和媳婦，還是會有差別待遇，這也是為什麼許多為人媳婦者都有難言之隱。

身邊有不少的男性朋友婚後，常常抱怨婆媳發生問題，他們夾在兩個女人之間，左右為難；因為一邊是媽媽，一邊是老婆，難以取捨，就像被問到，當媽媽跟老婆掉到水裡的時候，你要先救誰之類的問題。於是，婆媳產生摩擦，身為中間人的丈夫多半選擇「逃避」，不出面處理，讓媽媽和自己的老婆兩人「直球對決」，但結果都不會太好；如果丈夫選擇站在「中立者」的角度，勸兩方和好，那還好，但有些丈夫會直接要求妻子不論如何都要「孝順婆婆」，只因為婆婆是長輩，就算長輩是錯的，也要忍耐順服，最後妻子忍受不了，選擇離開婚姻，造成一個家庭的破碎。

其實，婆媳問題也沒這麼難處理，就像前面所說，解決的關鍵人物是兒子。夾在媽媽與老婆中間的男人們，我有 3C 法，提供各位參考：

第一個 C 是勇氣（Courage），處理婆媳問題必須拿出 guts，男人遇到婆媳問題的第一個反應，通常多半是選擇逃避，一方面是他不想選邊站，而得罪任何一方；另外一方面是他根本不知道該如何居中協調，不懂得該怎樣好好處理；所以第一步就是要有勇氣去面對，不要怕衝突，因為即使選擇逃避，衝突還是會發生，先建立面對衝突的勇氣和心理準備，才能夠進行第二步。

　　第二個 C 就是溝通（Communication）。丈夫身為中間人，其實也是最好的橋樑，如何在媽媽和老婆之間扮演好溝通者，而且溝通的方式不是只限於傳話，而要能用健康正面的方式去傳達彼此的意思，並且讓雙方都能瞭解對方的立場和想法。

　　最後就是支援（Cover），支援誰？當然是支援太太，很多女人最後因為婆媳問題而選擇離開婚姻，是因為她們覺得丈夫並沒有站在自己這邊，而感到非常孤單，所以丈夫應該要讓太太覺得有安全感，在婆媳關係上，能成為太太的遮蓋，尤其當有來自長輩的責備時，可以幫太太「擋子彈」，這一點很重要！

　　每一個世代的觀念都會有些許不同，舉例來說，有的長

輩覺得兒女就算成家，還是我的孩子，所以孩子的家就是我的家，也因此，長輩想去孩子家的時候就去，理所當然，孩子應該打一副自己家裡的鑰匙給長輩們使用。這個觀念其實值得討論的，畢竟孩子成家立業之後，就是一個獨立的家庭，長輩必須要學習尊重兒女的生活空間。

之前我們夫妻也曾經跟我母親討論過這個問題，後來是由我出面向我母親說明，我們非常歡迎她來家裡作客，但是在給備份鑰匙這件事情上，希望她也能尊重我們夫妻的生活空間。在充分溝通之後，我母親也能接受我們的想法。這就是我所說的，如果沒有好好處理，很可能就會變成婆媳關係的一個心結；但由我出面跟母親溝通，即便一開始長輩並不能完全理解，有所得罪，但畢竟是自己的兒子，長輩最終還是能理解跟原諒。如果我選擇逃避，而是讓 Kelly 出面跟我母親溝通，不管言語或態度再怎麼和緩，做婆婆的還是有可能聽不進去，最終就造成婆媳關係的裂痕。

婆媳關係相處上的大大小小問題是說不完的，身為長輩的婆婆／公公也必須明白，媳婦畢竟不是女兒，她在自己的原生家庭成長，很多的觀念和習慣會受到原生家庭的影響（有

些事真的沒有對錯，只是習慣不同而已），但是媳婦嫁進來之後，與兒子就是一個獨立家庭，小倆口的幸福才是最重要的事。

我曾經在主持一場婚宴時，聽到一段很感人的致詞，這位婆婆是這麼說的，「恭喜你們，我特別想跟兒子說，我知道以前你最愛的女人是媽媽，但是從今天開始，你最愛的女人就是你身邊的這位，你要好好疼惜愛護她，因為接下來是她要陪你走一輩子的路……。」我真心覺得這位婆婆充滿智慧，相信這番話聽在媳婦的耳中，一定也非常感動。

所以，身為丈夫的男性朋友們，婆媳問題雖然難解，處理起來很傷腦筋，但丈夫們才是解決問題以及解開心結的解方，千萬不要選擇在關鍵時刻落跑，也請記得，千萬不要在婆媳問題發生的時候，告訴你的太太要忍氣吞聲，只因為她是「媽媽」，這麼做一點用也沒有，畢竟，你媽媽永遠不是她媽媽。

「人要離開父母，與妻子聯合，二人成為一體。」

看完後的小小練習

希望老公們看完這篇之後可以想想，

扮演媽媽和太太之間橋樑角色的你，

還有哪些問題可以處理得更好？

20

偏心孩子不如偏心老婆

　　有了孩子之後，我們夫妻之間的共同話題又多了一個，但相對的，平時衝突的話題也多了一個。

　　我們有兩個孩子，一男一女，哥哥與妹妹，真的如大家的玩笑話，第一胎照書養，第二胎隨便養。在教養的相關問題上，舉凡生活習慣、要唸什麼學校、需不需要上才藝課、要不要參加課後補習、考試考不好怎麼辦，千頭萬緒的問題，身為父母的我們都會討論，也有各自不同的想法。

　　夫妻來自不同的原生家庭，在小孩從小到大的成長過程中，對於如何教養，當然會有不同的意見。別看我一副好好

▍父母彼此相愛，孩子才會有滿滿的安全感。

■ 我對兒子的要求，好像真的比較嚴格一點。

先生的模樣，在管教孩子這方面，其實 Kelly 要比我開明許多，她的原則是「抓大不抓小」，大方向有掌握到就好。而我則是相反，我會緊盯著一些小細節，舉個例子，對於孩子「罵髒話」這件事，我會嚴格要求口不出穢語（雖然私下我自己很生氣時，不經意也會飆罵兩句），因為我認為罵髒話一旦養成習慣，很容易就會隨口而出。Kelly 對於這件事情的態度則是，讓孩子清楚知道在某些情境下，如果罵髒話能夠宣洩當下的不健康情緒，可以，

重點是要看場合。所以，公開的場合嚴禁罵髒話，但若是在家裡，不開心或是想抱怨個兩句時，可以接受。

前面提到的許多跟孩子教育相關的問題，我們夫妻多年來，真的很少因此有過激烈衝突，倒是偏心女兒這個問題，一直到現在，Kelly 還是會三不五時地提醒我要注意。傳統的華人社會大多有重男輕女的觀念，不過我看過身邊太多這樣例子，許多父母辛辛苦苦地拉拔大的兒子，最後不見得能留在身邊，在照顧父母這方面，反而不如女兒。也許是如此，我自覺沒有特別偏心兒子，而且也盡量地希望公平對待家裡的兒子與女兒。

不過 Kelly 卻常提醒我，我不是偏心兒子，而是偏心女兒。「有嗎？」我總是這樣回應 Kelly。我真的不這麼認為，但或許是當局者迷，有一次，當我對兒子碎碎唸完之後，連女兒都跳出來說，「爸爸，我覺得你唸哥哥的次數真的比唸我還要多耶。」

我認為兒子將來會成立他自己的家庭，他會成為一位丈夫，也有機會成為一位父親，男人嘛，總要多一點責任感，「合理的要求是訓練，不合理的要求是磨練。」所以我總希望兒

子能夠更加成熟穩重，這樣將來他的另一半也才能比較幸福。

記得兒子還很小的時候，有一次被我連珠炮罵了幾分鐘之後，他委屈地哭了出來，告訴我，為什麼我都沒有這樣罵過妹妹，還說了一些在日常生活中，他所感受到的「不公平待遇」，讓我驚訝不已。那次事件才讓我驚覺，我以為自己做的很公平，但還是讓孩子感受到了偏心。

直到現在，Kelly 三不五時仍會提醒我，「爸爸，你最近比較容易一直唸哥哥，而且時間真的滿長的，記得要調整一下喔！」還好有 Kelly 適時的提醒，否則我對兒女的偏心，一旦變成習慣，很容易會讓他們手足因為比較而產生心結，這會有很深遠的影響。

還好，我和 Kelly 都是屬於溝通型的父母，每次當我不小心又多唸了兒子一下，事後，我就會立刻跟兒子表達我的本意，而讓他不至於覺得我特別偏心妹妹。我也很感恩，他們兄妹倆從小到大的感情都很好。Kelly 也常常告訴兒子，他妹妹是最挺他的，也告訴兩個孩子，當有一天爸爸媽媽不在了，他們兄妹更要彼此照顧與幫助。

在管教與教養孩子的路上，夫妻難免會出現歧見，透過

溝通達成共識，也尊重彼此，共同站在為孩子著想的角度上。說實在的，孩子總會走出他們自己的一條路，有時候，我們大人還真是多慮了！

在偏心這道教養課題上，我覺得 Kelly 很有智慧，她會直接明示老公（也就是我），偏心兒子或女兒，都不如偏心老婆，因為只有老婆會陪你最久。我老婆很有智慧吧！

看完後的小小練習

找個機會跟孩子聊聊，問問他們，是否覺得爸媽有偏心對待的行為？記得保持心平氣和，聽聽他們的真心話。

21

好女婿是「互動」出來的

　　我很幸運，除了有個好太太，還有一個好的岳家。我的岳父母都是非常平實又善良的長輩。我和 Kelly 在我當兵前就開始交往，當時 Kelly 為了「保護我」（因為無背景又無家產，我很擔心「見光死」，後來發覺我是多慮了），並沒有把我們交往的事情跟她的家裡說，直到我當完兵，開始上班之後一陣子，終於才有機會去見她的父母。

　　我的岳父母看人，首重人品。別誤會，我不是在自誇人品好，我是指我的岳父母不是看女兒男友的家境如何，或是外貌如何（基本上他們相信女兒選的外貌也不會差到哪裡去，

這個就是在自誇了，哈哈！），而是更重視這個男孩子的品格和為人處事的態度。很驕傲地說，據 Kelly 事後告訴我，我的岳父母對我的第一印象很好。

婚後，我們夫妻有一段時間與岳父母同住，一來是因為兒子剛出生，長輩可以幫忙照顧小孩；二來當時岳父生病，需要有人就近看顧；在那段期間，岳父母和我們夫妻彼此照應，至今回想起來，仍是非常美好的回憶。

後來岳父離世，岳母一個人住，但三不五時還是會到我們家坐坐，看看外孫。岳母家裡的燈泡或有東西故障了，也會打電話找我問問可否幫忙，其實我也不是很懂修繕，但還是硬著頭皮充當水電工，盡力協助岳母解決一些小問題（現在有關手機、電腦的事已交接給我兒子，讓外孫幫忙阿嬤）。她總是告訴身邊親近的友人，說她很幸福，有個好女婿。

其實，好女婿並非天生，是靠互動培養出來的，在我的例子裡，關鍵人物有兩位，一位當然是我岳母，另一位則是我太太 Kelly。

岳母常主動打電話來關心我們的生活，每天早上也一定會在我們共同的 Line 群組中發送「長輩圖」，也常下廚做一

些我們愛吃的東西，然後請我們去她家拿「媽媽的味道」。我想，我們彼此都很珍惜這樣的互動，而對於岳母眼中的好女婿的我來說，我會對岳母好，是因為她有個好女兒，正所謂愛屋及烏，我們夫妻的感情好，自然而然會讓我也想對她的家人好，尤其是她的父母。

說到如何跟岳家相處，有一點是我在這些年學習到的，就是「如實表達」。

什麼意思？舉個例子，很多時候，對於岳父母的關心，明明是出自於女兒，比如買東西送去給岳父母，或是到岳父母家幫個忙，誰是主動、誰是被動很重要，女婿們請千萬別搶功，只需要如實陳述即可。過去有好幾次，Kelly 請我拿東西去給岳母，到了岳母家，我並沒有告訴岳母，其實是 Kelly 讓我送來的，導致岳母以為是出自於我的體貼。雖然說夫妻兩人是一體，但我還是應該把女兒的心意如實傳達到，而且這麼做，不但能讓岳父母感受到女兒的關心，我好女婿的角色一樣還是可以扮演好，因為我願意幫忙跑腿，仔細想想，岳父母開心，老婆也開心，何樂而不為？

做為一個女婿，和岳家有良好的關係，我認為是可遇也

可求的，能夠遇到好的岳家是福氣，也要懂得珍惜；即使沒遇到，也可以自己創造，先讓自己成為一個好女婿，就有機會跟岳父母產生良好的互動。

最後，容我對長輩多說一句，同樣的，想要有一個好女婿，您們或許也得先成為一位充滿關愛的長輩，還有，告訴女兒，愛她的丈夫，就會讓女婿愛他的岳父母。

看完後的小小練習

如果你從未對岳家表示愛的心意，想想看如何「加溫」一下，畢竟人與人之間，最重要的是「溫度」。

22

副駕駛座
是專屬的「安太座」

開車的朋友都知道在駕駛右邊的那個位子是副駕駛座。如果是自家用車，副駕駛座是僅次於駕駛座的最重要座位，所以一般都是留給家裡的女主人（或男主人）。當然，在社交禮儀上，駕駛座的右後方才是 VIP 座位。

在我們家的車上，Kelly 卻最常坐在駕駛右後方的 VIP 座位，我都習慣稱這個位子是「總裁座」。有幾次朋友正好看到 Kelly 從後門上車，坐在總裁座，都會好奇地問原因，才知道原來是因為我有時候開車很「殺」，尤其當速度快一點時，副駕駛座的人會很不舒服，以前 Kelly 坐在副駕駛座時常被我

嚇得緊抓安全帶,後來她乾脆坐到後座,也省得一邊搭車一邊「唸駕駛」;久了,我也習慣她坐在總裁座。

古人說,位子學問大。自家車的副駕駛座可是「寶座」,以前我常會忽略這點,以致有時候順路載朋友一程,不論男女都有機會坐到我旁邊,但如今,我的副駕駛座只限男性友人。如果女性朋友有機會搭我的車,我都會在上車前告知她們,一律請坐後座。朋友覺得,這樣不就是把我當成司機了?擔心有點不太禮貌;我都請她們不用介意,因為我車子的副駕駛座只有一個女人可坐,就是我們家的女主人。(但女兒可以是「例外」)

很久以前,有一次,我晚上工作完畢,要離開現場時,順口問了一起離開的一位女同事,需不需要搭便車,載她一程,那時候我還沒有「凡女性一律請坐後座」的車規,所以這位女同事就坐在我旁邊的副駕駛座。

隔天,我和 Kelly 出門,她一坐進後座,就發現副駕駛座的位置被調整往退後了一些,於是問我,前一晚是不是有載什麼人?我如實告訴 Kelly 順路載女同事回家的事,Kelly 當下不是很開心,但她不開心的倒不是我載女同事,而是為何

不把座位回歸，讓已習慣坐後座的她覺得空間侷促不舒服。雖然Kelly從來不介意我開車載女性友人，倒是我自己覺得「搭便車」跟上車之後的「座位學」，跟男女的「界線」很有關係。

有那麼嚴重嗎？

有些讀者可能會覺得我有點小題大作，不過聽完我的說明之後，請再想一想，我說的有沒有道理。

就位子來說，副駕駛座緊鄰著駕駛座，就在開車者的旁邊，也是離駕駛最近的位子。正所謂「距離代表關係」，自家車上坐在副駕駛座的一定是和駕駛關係最密切的人，也就是家人。所以如果是老公開車，老婆一定是坐在副駕駛座，換成老婆開車，老公坐旁邊亦然。尤其在車上交談，駕駛座與副駕駛座距離是最近的，時不時還會有多次的眼神交會；男士們，再想像一個狀況，如果副駕駛座上，你的女性朋友恰好穿著比較性感的裝扮，請問，你會不會覺得怪怪的？換個場景，若你的女朋友或太太有機會順路搭她們男性朋友的便車，你會希望她們坐在副駕駛座，還是坐在後座，讓你覺得比較安妥呢？

這樣說明，我想應該可以理解，我為何要強調副駕駛座

的「專屬性」了吧？其實這就是界線的問題。我們跟親近的人會有比較近的距離，因為這是親密的距離，但跟一般的朋友會保持一定的距離，也就是我說的界線。一旦界線不清，很容易造成誤解或誤會，尤其男女之間，很多莫名其妙的曖昧就是這樣產生的，為了避免不必要的麻煩，「維持界線」是很重要的。

說到搭便車，想起曾經有位朋友跟我聊到，她有一位男性朋友的太太，常常跟老公反映，能否考慮停止讓他公司的一位女同事，天天搭他的便車。但老公覺得，讓女同事搭便車只是舉手之勞，而且助人為樂，方便他人有錯嗎？但這個老公卻沒有站在太太的立場想。試想，自己的老公每天順路接送女同事，兩個人單獨在車上，往公司的路上可以聊的事情不少，而且有可能愈聊愈熟，當然這沒啥大不了，可是，萬一當男性朋友和太太婚姻關係出現「亂流」，這時候女同事在車上可能只是一個簡單的關心、問候，就很有可能不小心衍生出不必要的問題，嚴重一點，還有可能不小心介入別人的婚姻。

後來太太向這位男性朋友說出了自己的擔憂，那該怎麼

處理會比較好呢？我的朋友和我都有一致的答案：「明說就好」，請男性朋友直接告訴那位女同事，不方便再提供搭便車的服務，因為「太太會介意」。對，就是這麼直白的拒絕，也不用拐彎抹角找其他理由。或許女同事聽到，會覺得男方的老婆會不會想太多，但如果真的是好同事、好朋友，這位女同事一定能夠站在男方的立場，甚至站在男方太太的立場去理解，知道男方太太希望保持界線的考量，也就能尊重好同事好朋友的想法，況且，我們都不希望自己成為別人家庭失和的導火線吧？

比起過去，現在我已經很少會主動讓朋友搭便車了，尤其是女性朋友。而曾經搭過我便車的女性朋友，也都聽我分享過，我為何會堅持請她們坐在後方「總裁座」的原因。我車上的副駕駛寶座是專屬何太 Kelly，只是 Kelly 現在大部分時間還是習慣坐在總裁座，除了可能已經「習慣」之故，深究原因，應該也是我「自私地」還不願意改變開快車的習慣，以致讓她覺得還是坐在後方安全點。原來在潛意識裡，我還是以自我為中心，不願為對方而改變，唉呀！這又是我另一個要努力的婚姻功課了。

看完後的小小練習

跟另一半聊聊，對於已婚族來說，
人際交往上應該有的「界線」有哪
些呢？

23

別想永遠當好人

在夫妻兩人的社交中，每個人都希望扮「白臉」，因為當好人永遠不會引來負面看法，也會給人一種好的印象。但是，白臉跟黑臉是相對的，如果夫妻對外始終是某個人扮白臉，這代表著另一人必須常常扮黑臉。

誰黑誰白，如果夫妻事先溝通協商好彼此的分工，然後按著共識執行，就不會有什麼大問題。但是玩過黑白臉遊戲的人會知道，不可能一直是一方扮白臉，雙方必須偶爾更換角色，這樣才不會讓另一方永遠當壞人。但很多時候因為我們希望自己在他人的眼中是好好先生／小姐，以致於一不小

心就讓另一半背了黑鍋。就像我的朋友大多覺得我是個「暖男」，充滿陽光，溫暖，有禮貌，脾氣好，其實私下的我也很有「眉角」，並沒有外界所想像中的「好搞」，但是基於形象，我會讓自己呈現出是一個「三好先生」——好個性，好脾氣，好說話；因此常讓 Kelly 因為扮黑臉而被外界誤會。

我和 Kelly 在家裡一起同工，在外面一起共事，還曾經一起主持節目。夫妻之間相處是一回事，要一起「工作」又是一回事，因為做事的習慣不同，待人的方法也不同，常常會有很多的問題要磨合；對外的溝通通常由 Kelly 面對，而我則是退居到第二線，或是在一旁扮演「聽者」的角色。比如，對節目的內容有意見，我會跟 Kelly 說，然後由 Kelly 向節目的製作團隊表達，長久下來，就讓大家產生一種誤會或是錯覺，認為意見比較多的是 Kelly。殊不知，這當中的許多意見都是我的想法，只因為我想當好人，而讓 Kelly 出面；也因此讓 Kelly 受了很多傷。當然，這也對我們的夫妻關係一度造成很嚴重的衝擊。

為什麼？因為當我們夫妻針對「我想當好人」，而在處理一些事情的過程中發生誤會時，我還是想「當好人」，甚

至有時候還想當中間的和事佬，替對方說些話，這真的是個「大忌」！因為明明是我造成的局面，結果到了最後，我卻還想扮白臉，而選擇站在一個中立者的角度。

後來我們夫妻對於這些事情經過好幾次討論，我也才終於明白 Kelly 的感受，原來我一直想當好人會造成另一半永遠在背黑鍋。將心比心，如果角色互換，永遠是我當黑臉，結果當我被誤會時， Kelly 又一副置身事外的態度，那種感覺真的很糟糕。

對外的工作是如此，交朋友也一樣，我們有些共同的朋友，平日的互動中也曾經因為我「想當好人」，而讓 Kelly 被朋友認為意見很多，其實龜毛的是我，只是通常代表出面的是 Kelly。

人人都想當白臉，但如果大家都當好人了，誰來當壞人呢？結婚，成為一家人，一個家，如果都是「好人」，對外處理事情，什麼都好，沒有任何原則，這樣是絕對不行的。但如果都是「壞人」，凡事都硬著來，沒有任何妥協的餘地，也不行。夫妻間的黑臉與白臉，好人與壞人，角色扮演必須偶爾更換一下，你會發現，這樣的分工調整，對外溝通反而

比較有效，也不會造成夫妻之間的摩擦，傷害夫妻關係。

　　現在，我當好人（扮白臉）的時間，比起過去明顯少了許多，可能是因為年紀有了，也比較有智慧了，自知在外當好人，結果總傷「自己人」，得不償失。所以，不管我們選擇當好人還是當壞人，扮黑臉還是扮白臉，最重要的是，要讓另一半知道你永遠站在他／她的那一邊。

看完後的小小練習

有沒有哪一件事讓你的另一半曾經扮黑臉背黑鍋？如果之後再遇到類似情形，你覺得怎樣處理可以讓結果更好？

24

以身作則，
不容易但卻必須

　　成為父母，是我和 Kelly 的婚姻中最美好的禮物之一。

　　但是有小孩的人都明白，當父母真不容易，尤其在現今資訊管道如此多元的年代，隨著孩子漸漸長大，在教養及管教孩子上，需要花更多的功夫。其實也不需要這麼有壓力，因為不管時代再怎麼變，我認為教養孩子的祕訣只有一個，就是以身作則，講再多道理，再多碎唸，都不如父母實際「活出來」示範給孩子看，也就是古人說的「言教不如身教」。我們為什麼總說「父母是孩子一輩子的老師」，因為孩子從小到大跟父母相處的時間最多，孩子時時刻刻都在觀察父母

的一言一行，影響能不大嗎？

　　夫妻之間對於孩子的教養必須要先有共識是很重要的，不然可能孩子出生後，從如何照顧他們，到後來孩子長大應該上什麼學校？需不需要學才藝？分數成績重不重要？該交或不該交什麼朋友？千頭萬緒的教養問題，如果沒有共識，就很容易成為夫妻之間爭執的話題。

　　很幸運，我和 Kelly 一開始就達成共識，兩人都最重視孩子的品格，我們覺得品格比什麼都重要。人人都喜歡會唸書的孩子，不過就算不會唸書，考試沒有辦法拿到很高的分數，但只要盡力就好。如果為了拿高分而選擇作弊，那這種分數不要也罷，因為人必須要誠實面對自己。我們也常常告訴孩子們，「凡事盡心盡力，結果交給上帝。」做任何事情只要無愧於天，無愧於人，也無愧於己就好。

　　兩個孩子從小學到國中雖然唸的是私立學校，但我們常常跟他們分享，同學相處，結交朋友，不是看他們的背景，而是看這個人如何，好相處最重要，所以想要找到好相處的朋友，你自己必須先成為一個好相處的人。孩子們從小就跟在我們身邊，看到爸爸媽媽所交往的朋友，有些擁

親愛的媽咪

"母親節快樂"

去年這個時候
我還在你的肚肚裡跟著你跑
今年總算在"外面"
幫你慶祝屬於你的日子囉
我有跟爸爸講 就算他再忙
也要送花送卡片
否則我晚上就不睡覺一直鬧他
希望他有送 收到要告訴我喔

啊! 母親節過完不久
我也要滿一歲了耶
到時候我們再一起慶祝囉
我會繼續做個好寶寶

鐺鐺與戎爸
2004 年母親節

▋ 女人願意「生小孩」真的很偉大！養兒育女之後，我也才更明白為人
父母的酸甜苦辣。

有社會高知名度，社經地位崇高的人，但也有些是一般朋友，可是在他們眼中看到的是，爸爸媽媽從來不會看對方的身分而決定是否來往，而是看對方的人品以及他們做人處事的價值觀，是否跟我們相互契合而定。我也相信，父母這樣的交友觀，無形當中也會影響到孩子的交友觀。

現在兩個孩子都已經漸漸長大，開始面臨到兩性交往的問題，我們很慶幸，當他們有了心儀的對象，或是進一步考慮和對方交往之前，不但會主動告訴我們，甚至會跟我們請教或討論兩性交往的疑惑。我和 Kelly 都很願意敞開心，而且是非常坦白地把我們的經驗分享給他們（像什麼內容呢？你能想得到的，我們都聊過。）我想之所以能如此，是因為孩子們有安全感，因為從他們很小的時候，我們就告訴他們，什麼問題都可以跟爸媽討論，不要害怕講出來會被罵，因為孩子對這個世界充滿了好奇，一定會有許多問題，但是他們敢講出來，這是很重要的第一步。

兒子上了大學後，想去打工，學習自食其力，我們非常鼓勵他，因為從打工中，可以學到很多在學校學不到的寶貴社會經驗。而我們也跟他分享，工作累積的經驗比所賺的錢

更寶貴。我也常常跟孩子分享，在我年輕時透過打工所得到的人生感悟，雖然時代不同了，但有一些人生體驗還是可以讓他們參考。

在學習的這一路上，兩個孩子接觸到許多同學和朋友，也因此知道每個人來自不同的家庭環境，每個人家裡的狀況也都不一樣；有的人家境好，能夠提供豐富的物質生活；有的家境普通，能夠給予的就有限；但不管如何，最重要的是從中學習知足與感恩。更重要的是，不管是在哪一種家庭環境中成長，都能夠開心的自處，也知道如何同理他人。

簡單地說，我們尊重孩子所有的想法，或許有些想法因為他們的年紀而並不成熟，不過，我們都鼓勵他們提出來，跟我們分享。家庭生活中的所有大事小事，其實父母都可以以身作則；就像兒子上了大學後，考到駕照，想買摩托車，我就請他先去做一些功課，收集相關的資訊，然後請他思考騎機車的優點與缺點。

在我請他這麼做的同時，我也做同樣的事情，然後把相關的資訊整理出來，分享給他。也就是讓他知道，這就是爸媽告訴他的，在決定做一件事情之前，應該要先認真做一些

「教養孩童，使他走當行的道，就是到老，他也不偏離。」

功課，就像爸媽從買車到買房，還有決定生活中的許多大大小小事情的態度也是如此。

　　很感恩，我們家兩個孩子都很懂事，三觀正確，對於爸爸媽媽長期為這個家的付出覺得感恩，也明白家庭是一切的根本，一個家能夠提供充足的安全感，也才能讓一個人無後顧之憂地努力往前衝。

看完後的小小練習

列出你覺得在對孩子的身教上，哪些事是你有做到「以身作則」，又有哪些是目前連你自己也很難做得到呢？

25

太太是永遠的反對黨

　　婚姻中，我們都需要一個盡職的「反對黨」。

　　一個反對黨最主要的任務是什麼呢？不外乎是監督、制衡和提醒，讓在位者可以不斷反省、檢討、改進，而做得更好。如果你的另一半常扮演好這個反對黨的角色，恭喜你，這真是值得感恩之事！

　　另一半不時站在一個監督與提醒的立場，給我們建議，是很難得的，因為你會發現，隨著我們的年齡愈大，社會歷練愈多，地位愈高，還能對我們說真話的人，寥寥可數，最後大概只剩下你的枕邊人。他們說出的真話極其重要，因為

那些諫言都是可以幫助我們進步的動力。不過，真話通常都不太好聽，所謂良藥苦口，忠言逆耳，這些忠言多半都很直接，可是一旦我們能接受這位最親密反對黨的意見，而做出調整或改進，就一定能讓自己成為一個更好的人。

身為專業的主持人，不管大大小小的活動，還是各種類型的節目，我都曾經參與，投身媒體和演藝相關工作多年有個小祕密，就是我不太看自己參與的節目，不管是我主持或是我當來賓的節目，這些節目播出時，我都不太想跟 Kelly 一起收看，那是一種想要逃避被「品頭論足」的心理，尤評論者又是你的另一半，如果表現不錯，也就算了，表現若是差強人意，當下被檢討就會覺得很沒面子。不過 Kelly 從以前到現在都非常建議我，一定要反覆看自己主持的或當來賓的節目，從過程中找出自己表現不足之處，筆記下來，然後思考如何改進，如果還有下一次機會，可以怎麼做得更好，最終的目的是讓自己更卓越。

Kelly 不只鼓勵我要多做功課，當我們一起看我主持的節目時，她還會從不同的角色去看內容，比如以一個普通的觀眾，或是同場參與的藝人，還有節目製作人、藝人的經紀人

這些角度，去檢視我在螢幕上的表現；之後，再對我的表現一一提出她看到表現好的部分，和需要改進的部分又是什麼。以前我對這些非常感冒，所以很排斥跟她一起看我的所有節目，後來深究，因為我害怕聽到她對我提出的檢討意見。當然 Kelly 並不是只提出批評，當我表現不錯時，她也會不吝的稱讚，但我總是只聽到她那 5% 的批評，卻忽略了她所給的 95% 肯定，而我也常因為這 5% 批評而影響心情。

直到這幾年，我才漸漸能理解 Kelly 的苦口婆心，也真心感謝她多年來任勞任怨，畢竟擔任反對黨，監督和提醒永遠是吃力不討好的工作。仔細想想，另一半怎麼會希望我們不好，我們好也就代表他們好，更代表全家都會好。我們想在工作上求進步，就要知道自己必須改進哪些缺點，可是在職場上很難聽到真心話，我們聽到的多半只有好話，但這些好話當中又有幾句是真話？如果我們連唯一可以跟我們說真話的枕邊人所說的話，都不願意聽，那又如何讓自己去蕪存菁，精益求精呢？

自古至今，所有的明君身邊都有一位敢講真話，適時敢跳出來進諍言的忠臣，這麼多年下來，我覺得 Kelly 就好像我

「惟用愛心說誠實話。」

■ 擁有一位願意當「反對黨」的老婆是幸福的，因為她會幫助
　你不斷進步。

身邊的忠臣，即便冒死也要說出真話，我很感恩，有這麼一位願意告訴我真話的太太，在工作上成為我很大的幫助，同時在平日的為人處事上，也常會適時提醒我該做的事，該堅持的原則。所以，當聽到另一半對我們說出真話，我們應該學習有雅量聆聽與接受，雖然不容易，但是很重要。

　　一個家就像是一個國家，有一個盡責的反對黨，才會有一個認真的執政黨。

看完後的小小練習

請先向你家中的「反對黨」口頭上表達感謝之意，然後仔細想想他們對你苦口婆心的那些提醒，是否真的可以幫助你「優化」？

26

太太是天生的好管家

進入婚姻之後,我發現女人真的是「天生的管理者」。

在我們家,許多大大小小的規矩、原則以及相關的 SOP(標準作業流程)多半是 Kelly 制定的,而我們家也因為有了這些「制度」而井然有序。以洗衣服為例,我們家有三個洗衣籃,一個裝家居服和內衣褲,一個裝外出的上半身衣物,最後一個是裝下半身的褲裙和襪子;如此分類是因為衣服髒污的程度不同,洗衣服的時候不要混在一起。收衣服時則分兩籃,大人跟孩子的分開來,這樣在摺衣服時就不用再區分,免去兩次工,的確可節省一些時間。另外,家中物品擺放的

放置也有邏輯，Kelly 依照家人習慣的動線決定各項物品的位置，像我早上起床後習慣先煮咖啡，所以沖煮咖啡的器具都會放在同一區，免去往返拿取用具的時間。Kelly 也會不時地優化這些 SOP，讓全家人在生活上更方便也更有效率。

近年通訊軟體 Line 盛行，為大家帶來了更多便利，Kelly 也與時俱進的運用在我們的生活中。像是為了方便全家人的溝通，我們一家四口就有好多個 Line 群組，每個群組的功能都不同；因為我姓何，英文是 Ho，所以家庭群組都是 Ho 開頭。最主要的大群組「Ho 感情」（音近好感情），全家人在這裡聯繫溝通每天的大小事情，提醒事項、報平安，預告行程，還有分享心情等等，溝通的內容可說是包羅萬象。

小群組有「Ho 健康」，我們分享跟健康相關的訊息；「Ho 花費」有點像記流水帳，回報自己每天的花費，像是網購了什麼東西，一目了然；「Ho 旅遊」是跟旅行、玩樂相關的資訊；還有「Ho 報導」、「Ho 卓越」、「Ho 投資」、「Ho 修繕」、「Ho 大白」等，分門別類，按溝通的內容而定。

雖然一開始建立這些群組時，大家都覺得頗不習慣，久

▌家是一個團隊。全家人一起禱告，透過彼此感謝與祝福，凝聚感情。

了，現在反而覺得這些真的讓我們全家人的溝通跟聯繫，都變得比以前更方便且清楚。

在「Ho 感情」的行程上，我們全家還有一個共同的 Google 行事曆，大家會填入自己的行程上，所以行事曆上總是密密麻麻的行程，主要是讓家人可以清楚知道彼此在做什麼，不管是爸爸媽媽的工作，或是兩個孩子學校和社團的時間規劃，所以當要安排家庭活動時，只要先看這個共同的行事曆，再和大家確認即可，免去問來問去的時間。

而在這個大行事曆上還有一些「固定的行程」。Kelly 是一個要求「儀式感」的管理者，所以全家行事曆上有固定要做的公事和家事，以及家人的生日和紀念日。在這些日子，我們會相約一起慶祝，慶祝的規模是大是小都無妨。多年下來，孩子們也都習慣了重要的日子全家就是要「聚」在一起。建立儀式感，才不會發生想到了才做，沒想到就不做或是忘記做的情形。儀式感在管理上其實是很重要的，因為一旦形成一種規律之後，不但彼此會定期提醒，也不會因為一忙起來就忘記或隨便放棄。

關於儀式感，這些年來，我們家還固定在每個禮拜天的

▋我生日時，全家人親手繪製了一張卡片，用心就
是最棒的禮物。

晚上聚集在客廳，關上燈，然後一起禱告，除了感謝上帝，
也為家人彼此的需要代禱。在這短短半小時到一小時內，我
們除了和兩個孩子一起禱告外，也會利用這個時間跟孩子分
享這個禮拜以來，我們認為值得感謝，覺得感動，或是需要
反省的事情。我們也鼓勵孩子把他們所觀察到或是經歷的事
情分享出來，這是我們何家人每個禮拜很重要的精心時刻。

我們甚至有時會利用這個精心時刻，向孩子表達歉意，把我們自認沒有做得很好的部分，或是一些自覺是負面示範的行為，向孩子們道歉，並且請他們原諒。我們希望能讓孩子明白，天下雖有不是的父母，但父母親也是平凡人，也會有犯錯的時候，重點是，錯了就承認，然後改過。

我很感謝 Kelly 對於管理我們家所展現的智慧，因為她用了很多方法，讓我和兩個孩子可以自然而然地進到一種秩序裡，有條不紊地處理好家中的大小事。雖然她有時會開玩笑地說，她不像我唸過 EMBA，但我覺得她管理我們家已經充分運用了組織管理上的精髓：建立制度，用對方法，帶人帶心，適才適所。

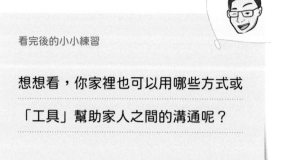

看完後的小小練習

想想看，你家裡也可以用哪些方式或「工具」幫助家人之間的溝通呢？

27

60 分總比 0 分好

某天聽到偉忠哥主持的電台節目，那天正好是他生日，他邀請了他的大女兒當來賓，分享他們家中的一些趣事。已嫁作人婦的大女兒突然聊到，結婚之後才發現，「老公會怕老婆」其實是一件很幸福的事情。偉忠哥接著問女兒，知不知道為什麼老公會怕老婆，而這個「怕」（也有人不用「怕」這個字，而是用「敬畏」）其實並不是真正的「害怕」，而是因為感念太太對於先生和孩子以及整個家庭的付出，是出於一種「既感恩又虧欠」的複雜心情而有的態度。

我對「怕老婆」的看法也是如此，不是害怕，而是基於

一種尊重和換位同理太太感受而有的行為，因為只有你最清楚，另一半為你和你們一家所犧牲奉獻與付出的一切。

以前聊到怕老婆這件事，很多人都會開玩笑的說是得到「氣管炎」（妻管嚴），但我則說自己得的是「支氣管炎」（自己管嚴），確實，結婚這麼多年來，Kelly 根本沒有在管我的，對於老公，她採取的就是「無為而治」的大智慧，所以她從來不會要求回家的門禁，或是一定要先報備跟誰見面或跟誰吃飯，反而是我會主動告知（補充說明一下，這個習慣也是我經過多年才慢慢養成的），也會主動報備有事會晚點回家，對我來說，這就是一種尊重。

而之所以尊重另一半，就是前面所說的，你最清楚另一半為這個家庭的付出與辛苦。而且，夫妻之間，究竟是先生比較需要太太，還是太太比較需要先生，坦白說，男人還是比較需要女人，所以任何一個男人，不管是否事業有成，有點良心的，都會很感念那個從無到有都一直陪伴他的女人。還有一句大白話，任何的婚姻，多數決定這個婚姻是否繼續維繫的關鍵，通常是在太太，而非先生。明白了這個道理，身為人夫怎能不戒慎恐懼？怎能不努力成為一個「疼某大丈

夫」呢？當然，「知道」跟「做到」還是有差距的，畢竟知易行難，但是只要願意開始做，就有機會先達到 60 分的及格標準，但不採取作為就是 0 分。

這個 0 分與 60 分的概念，是我以前當記者跑新聞時，新聞部的主管常常跟我們分享與告誡的，意思是，當截稿時間一到，就算你新聞寫得再好，沒趕上時間，就是 0 分，趕上了至少就有 60 分。這個概念在婚姻中同樣適用。

夫妻生活「先求有，再求好。」什麼意思？夫妻雙方都不是完美的，但是為了讓彼此的關係更融合，在不斷磨合的過程中，只要有心採取行動，修正調整和改變自己，不論是個性、習慣或行為，就等於跨出一大步，也等於拿到基本的 60 分，而且邊做邊修正，就會從 60 分，再慢慢往上加分。反之，若是選擇「堅持做自己」，不願在婚姻中做任何的妥協或調整，那麼原本影響甚至傷害夫妻關係的問題就會一直存在，且會不斷重複出現；不處理問題，就是 0 分，無解。所以選擇 0 分或 60 分，就在一念之間。

舉個例子，「我的驕傲」一直是影響我婚姻的最大罩門，但很多時候，我不覺得自己是驕傲的，尤其當 Kelly 提

醒我的時候，我更是如此認為。記得有一天早上，在處理完孩子上學和一些瑣事後，兩個人一如平常在客廳裡讀聖經禱告，準備開始一天的工作。當我禱告完，Kelly 提醒我，我剛才的那番禱告好像只是在完成例行公事，記流水帳一樣，她建議我可以從前一天經歷的哪一些事情上，去思考禱告的內容。當下我覺得她在指控我，所以立刻否認自己在做例行公事，也拒絕了她的建議，更不耐煩地回了一句「請妳不要『教導』我如何禱告」。 Kelly 也被我這個情緒性的回應所激怒，我們的禱告時光就這樣戛然而止。

我氣呼呼地回到書房，若是以前，我們倆可能又要相敬如冰兩三天，然後我想到，不改變就是 0 分，所以沒過幾分鐘，我走回客廳，抓著 Kelly 的手再回到禱告桌，先為「我的驕傲」向她道歉，並請她饒恕，也請她為我「一遇到批評就會武裝起自己的這個『軟弱』」禱告。不可思議的是，我們當下很快速就和好，這個結果對比過去，真的已經不只 60 分而已。

我想說的是，婚姻中常有很多讓我們決定要不要為了更好的關係而改變的時候，願意嘗試改變，哪怕只有一點點，都總比一點都不願意要好。

最後提醒各位老公們，雖然我覺得驕傲是婚姻最大的敵人之一，但是把「怕老婆」（這個「怕」是尊重與疼惜）當成是自己的驕傲，更是一種幸福。所以，歡迎加入「PTT 俱樂部」，咱們一起先成為一個 60 分及格達標的老公。

看完後的小小練習

請先謙卑地承認自己在婚姻中是會「驕傲」的，然後想想應該如何為了維持跟另一半的關係而調整「這些驕傲」（是「一些」喔，可見得不少，哈哈！）

28

搶救婚姻 40 天

跑過馬拉松的朋友，在跑馬的過程中或多或少都經歷過「撞牆期」，就是會讓你痛苦到很想立刻放棄的那種時刻。婚姻也會出現撞牆期，而且可能還不只一次，但會出現在婚後第幾年？這個問題沒人說得準，以過來人的經驗，我覺得遇到撞牆期並不是重點，重點是，撞牆時，你該怎麼面對？

放棄，是最簡單的方式，但不一定是最好的方式，那麼如果要繼續下去，就得想出一些搶救婚姻的辦法。

多年前，我看過一部電影「搶救愛情40天」（Fireproof），故事的主角是一位消防員，這位在災害現場出生入死的打火

英雄，卻在婚姻中遭遇了「難以撲滅的火」，在他和他的太太幾乎要放棄婚姻的時候，他回到父親的家，將心裡的痛苦和挫折告訴父親，並且詢問有沒有辦法可以逆轉情勢。他的父親將自己過去面臨婚姻的挫折，以及如何挽救婚姻的經驗傳授給他，並交給他一本類似筆記的書，希望他即使再怎麼不情願，也必須在接下來的四十天，按照書上的建議，完成四十個挑戰。其實每一個挑戰都是讓他學習如何用行動，向另一半表達「真愛」。

真愛，也就是真正的愛，什麼是真正的愛？簡單地說就是，不是站在自己的立場，而是以對方的需要為出發點去愛對方，即便另一半當下沒有任何回應，甚至是展現出不可愛的一面，你一樣選擇愛他／她。

電影最後，這位消防員成功重新贏回了另一半的心，因為在這 40 天的挑戰中，他的太太發現，他是真的願意改變自己，願意以太太的需要為優先，而不再像過去只希望滿足自己。

後來在電影中出現的這本書《勇敢挑戰真愛（*The Love Dare*）》真的出版了，書中同樣有 40 天的挑戰，每天一篇，

鼓勵大家練習愛的表達，我也買了一本。

沒想到，後來真的「派上用場」。

就像我前面說的，我們無法預測婚後第幾年會遇到撞牆期，這跟婚齡無關，並不是結婚久了，兩人的關係就比較不會有問題。寫這篇稿子時，我特別找出當年買的《勇敢挑戰真愛》，看到當時留下的筆記寫著「2011 年」，是我們結婚的第 10 年。現在已想不起來當時為什麼婚姻會陷入低潮，卻很清楚記得那個情景：我一個人坐在家裡掛著十字架的那根柱子旁的地板上，心情低到谷底，想著自己的婚姻怎麼會走到這個地步？因為我的緣故，讓我和 Kelly 的關係降到冰點，而我的毫無作為更讓這個問題似乎停留在原地，無法突破。那個時候，我突然想到自己買的這本書，於是我按照書上所給的功課，每天「按表操課」，記下心情，也寫出如何面對與解決問題的方法。

在這裡分享幾段當時所寫的筆記給大家：

「其實 7 月 14 號結婚週年，我早已買好一對戒指，打算送給 Kelly，做為我們的周年紀念禮物，只是至今還沒拿出，Kelly 真正需要的，並不是有形的禮物，而是我的改變，這個家，

如果因我開始改變，會變得不一樣。」

另一段：

「巧的是，晚上 101 聚會，神透過牧師把我狠狠的 K 了一頓『神不會給沒有行動力的人異象。』長期以來，我是個極度欠缺行動力的人，難怪無法聽見神的聲音。我必須改變，與神同行，包括現在寫下這些字句，這些心情，都是我的一點點小小改變，有改變，總比一直沒改變好。」

當時，我就是這樣子每天操練，相信 40 天之後，我也能像電影的男主角那樣，挽回 Kelly 的心。結果，我比男主角幸運，因為我只操練了不到 10 天，也就是筆記還寫不到 10 篇，就得到了 Kelly 的原諒，我們又和好如初。

現在看到當時所寫下的文字，覺得很有趣，突然想到 Kelly 時常建議我，隨時隨地寫下自己的想法，就像寫日記一樣，不僅有助於紀錄，多年後回看時，會幫助自己憶起當時很多的提醒跟反省。

至今我一直留著這本「反省手冊」，在我們夫妻出現小小衝突的時候，我就會拿出來翻一翻，然後很慶幸地發現，自己現在悔改的速度比起過去快了很多，我想也是因為 Kelly

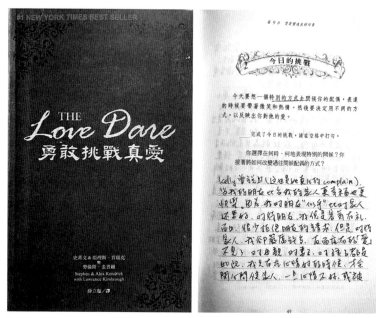

■ 調整自己，是搶救婚姻的第一步，因為問題的核心永遠都是自己。

現在對我的包容度比過去更大了。

　　我想說的是，我和很多人一樣，在婚姻中曾經感到煎熬難耐，覺得非常無助，甚至面臨夫妻關係需要挽救的時刻，但感恩的是，在那個時刻，我的第一個念頭並不是放棄，而是想方設法要去挽救婚姻，因為只要你願意並有心，這段關

係就有機會救得回來。

　我們現在還是會出現爭執或小小衝突的時刻，但已不至於吵到不可收拾的地步，可能是因為年紀漸長，儘管如此，我還是戰戰兢兢，因為在婚姻中的每一天，都必須小心翼翼地避免一切的破口。

看完後的小小練習

誠心建議你為自己準備一本筆記本，
當你和另一半因為衝突而無法冷靜下
來時，「用說的不如用寫的」。給自
己的寫在筆記本，給另一半的就寫在
小紙條囉。

機智的婚姻生活

當浪漫轉為務實，當絢爛轉為平淡，當年的情人已變為「家人」，成為孩子的爸、孩子的媽，夫妻如何讓婚姻延長保鮮期限，如何在這段路途中，既不被雙方彼此的「自我」堅持而陷入僵局，也不被沿路花花草草的吸引而產生危機，「莫忘初衷」地持續一起手牽手走往幸福的方向。

29

神奇的 1 分鐘

有一次我去教會演講婚姻相關的主題,在快要結束前,我邀請在場的夫妻們做一件事,兩人面對面,不說話,就是靜靜地「對看 1 分鐘」。

開始計時沒多久,就看見許多對夫妻中,有的是太太掉下眼淚,不停拭淚;有的則是先生一開始啜泣,最後痛哭失聲。我也觀察到在這 1 分鐘內,有幾對夫妻中的先生或太太不斷地移開注視對方的視線,感覺他們已經好久沒有這樣四目相對了。

很奇妙吧?夫妻對望竟然能夠激盪出如此的結果。

這個活動並不是我原創的，是我和 Kelly 有一次去上李四端大哥主持的節目，在尾聲，四端哥突然 cue 了我們「對看 1 分鐘」。我記得當時雖然我和 Kelly 對坐在一張長桌的兩端，但當兩人視線一對上的那 1 秒，我看著她，她看著我，兩人在現場都掉下了眼淚。這中間的情緒實在太多也太複雜，回想當時，我看著 Kelly，想到從我們認識、交往，到結婚、生小孩，一直到現在的這些年來，她對於我，對於整個家庭的

▌眼神交會所表達的情感，有時反而更勝於言語。

付出犧牲和奉獻；想到某天突然發現她的白頭髮怎麼變得這麼多了，中間有太多的辛苦，更多的是甜蜜，我想，那是我感動與感謝的眼淚。

這1分鐘雖然短暫，卻很神奇！在那1分鐘內，你會驚覺自己好像已經很長一段時間沒有好好看著另一半了，然後當你仔細看著對方時，你也許會發現，在你眼中的另一半，老了，成熟了，也更美更帥了。因為我們都太忙碌，忙著工作，忙於照顧家庭，卻忘了好好的看看對方。

這讓我想到，我和Kelly在多年前參加過的一場夫妻營會。活動一開始有個小遊戲，太太們全都站在一張大布簾的後面，布簾上有幾個小洞，讓她們將手伸出來，然後請先生們從「目視」到「觸摸」這幾隻手，猜猜布簾後的哪一位是自己的太太。

真的不誇張，有很多人就算看到、握到手了，最後還是猜錯（還好，沒有因此夫妻失和）。後來，營會的講解員解釋這個遊戲的目的，是希望參與的夫妻明白，即便是每天睡在自己身邊的枕邊人，我們都可能會忽略了要好好的觀察與注意對方，因為這對夫妻關係來說是極為重要的。

許多老公們永遠少根筋，就算老婆換了髮型、擦了不同

顏色的指甲油，很多顯而易見的改變，但卻還是不會發現，然後被老婆唸的時候，還覺得這到底有什麼大不了的？其實，太太們在意的是，自己的先生是否在乎她們，如此而已。

結婚久了，很多時候，很多事情，我們已習慣性地將對方的付出視為理所當然，也許會覺得都老夫老妻了，沒必要道謝、稱讚，但我真的建議，找個時間靜下心來，好好仔細地看看你的另一半，1 分鐘就好，也許就會有神奇的事情發生在你們夫妻之間喔！

看完後的小小練習

現在就揪你的另一半，利用短短 1 分鐘，彼此相望一下囉，記得！眼神千萬別移開喔！

30

畫好吵架紅線，
避免觸發燃點

　　我非常反對家暴，不管是言語還是動作的家庭暴力都不應該。尤其是動手，出手打人就是不對！很多的社會案件甚至將另一半打傷、打死了，釀成家庭悲劇。有研究顯示，在婚姻中如果對另一半暴力相向，只要動過一次手，就有可能再出現第二次、第三次、第四次……其實只要有一次的暴力對待，就會將夫妻兩人之間的關係破壞殆盡。

　　除了動手的肢體暴力之外，還有言語上的暴力，有時候言語上的暴力不亞於動手，因為尖銳的言語會激發對方憤怒的情緒，或造成嚴重的心理傷害。雖然說「吵架無好話」，

夫妻之間發生言語衝突時，常常是希望「贏過對方」，也就是要吵贏，但難免會出現走鐘，從事件開始吵，吵到後來卻變成對人不對事，甚至人身攻擊，最後就算吵贏了，關係也被破壞了。所以在吵架的當下，學習「忍耐」和「適時地轉移情緒」的功課是很必要。

忍耐什麼？忍住「不出手」，就是不動手動腳；也忍住「不出口」，就是不口出惡言；這兩點都是避免衝突擴大以及點燃情緒引爆的紅線，但需要智慧才能做到，也因為很不容易做到，所以必須努力。

先講「氣話不出口」，這一點要特別提醒各位太太們，為什麼？因為除了特例之外，絕大多數太太們的口才都遠優於先生們。我和 Kelly 吵架時，我很難有回嘴的機會，就算回嘴，也是結結巴巴，支支吾吾的。外人可能很難想像，常在外面演講分享教課的我，口若懸河，但跟太太吵架時，在口條上竟毫無勝算。而且，女性天生的組織力和邏輯思維，以及整合力和記憶力，在吵架時通常可以發揮到淋漓盡致，加上太太們多半都是最瞭解先生的那一個人，知道丈夫所有的缺點與軟弱，就像在比武場上，妻子明白丈夫所有的罩門，

所以只要用言語，兩三句話就能直中要害，把丈夫打趴在地上，完勝！

所以更要特別提醒「適可而止」，千萬別在吵架時，用話語將對方往死裡打，免得後果一發不可收拾，因為不是每一個丈夫的 EQ 都很高，當被太太的話語激怒，就會像狗被逼到了牆角一樣，本能性地回咬，尤其當太太說出像是「有種你就打我啊！我看你是沒種吧！你還是個男人嗎？」這種話會一下子把丈夫逼向燃點，引爆怒火，而造成一發不可收拾的後果，千萬別小看男人自尊受創後的爆發力。

關於這一點，丈夫們也必須自覺，當衝突發生，吵得不可開交，覺得自己的情緒快要崩潰，而太太又在言語上不斷刺激的時候，就必須讓對方知道「夠了」，因為再多，就可能引爆你的怒火。

吵架時，腎上腺快速激發，千萬記得要適度轉移情緒，這一點則是特別針對所有丈夫們提出的提醒。在所有家庭暴力案件中，大部分會動手打人的多半是男性，調查也發現，動手的人是因為覺得自己已經沒有其他方法可以抵抗對方，而選擇將憤怒的情緒用行為宣洩出來。

「但你們各人要快快地聽，慢慢地說，慢慢地動怒。」

在我們夫妻多年的婚姻中，也有好幾次吵到我快受不了的時刻，這時，如何轉移情緒呢？我的做法是「離開現場，轉換空間」，也就是當下我會回到房間（或出門），避免兩人繼續吵下去。有幾次，我出門讓自己冷靜下來後再回家時，孩子問我剛才去哪裡？其實我哪裡都沒去，只是到了地下停車場，一個人坐在車子裡，看看手機，聽聽音樂，做個禱告，總之就是讓自己的情緒先降溫，轉移當下的注意力，讓自己安靜一段時間，等怒氣降溫就是回家的時間了。

夫妻都會知道吵架時彼此情緒失控的「那條紅線」，在接近臨界點之前若是能夠及時剎車，收手，伶牙俐齒的那一方懂得先「按下暫停鍵」，已經緊握拳頭緊抿雙唇的那一方則懂得先「轉移陣地」，就能避免接下來的擦搶走火，也不會出現對夫妻雙方都更不好的局面。

看完後的小小練習

你和另一半都知道彼此的「那條地雷

紅線」嗎？

如果不清楚，建議在兩人情緒好時寫

下來告訴對方。

31

當個「公務員」老公

先說明，這一篇是想跟大家聊聊關於外遇的話題，公務員和業務員都只是比喻，請千萬別對號入座。我想表達的重點是，在婚姻中面對外遇的試探／誘惑，自己的心態和行為都是關鍵。所以，我用「公務員」來形容，如何避免陷入外遇的挑戰。

有研究顯示，婚姻的最大殺手之一是外遇，當小三和小王出現在婚姻中，原本兩人的關係因為有了第三者而變得複雜，感情這種事情本來就剪不斷理還亂，兩人世界突然出現了第三者，殺傷力可想而知。

說到外遇，我認為只有兩個重點，第一，「為何」會有外遇？第二，「如何」避免外遇？

外遇的原因千百種，舉凡夫妻的關係變淡了，婚姻再也產生不出什麼火花；覺得另一半在生活中的重要性減少了；比另一半更適合自己的人出現了，第三者又非常主動且侵略性十足，最後，加上自己的意亂情迷，於是就陷入了外遇的漩渦中；一般來說，通常掉進去了，就很難再出得來。

說了這麼多外遇的原因，其實關鍵在於「夫妻關係」，簡單地說，當夫妻兩人關係緊密，就算出現了外遇的試探或誘惑，第三者也不太能趁虛而入。反之，當夫妻關係變差，比如常常發生爭執，或是夫妻分開居住在兩地，是所謂的雙城夫妻，因為長時間不在一起，很容易因為一些小誤會或缺乏實際相處，沒有充分溝通，而產生嫌隙。

還有一個關鍵是跟個性有關，或者說跟一個人的個人特質有關。俗話說「一個巴掌拍不響」，外遇絕對是兩個人的事，不是單方面的問題。也就是常會聽到，陷入外遇的其中一方說，都是對方主動的勾引、引誘，才會掉入外遇陷阱。請問，如果你自己不想上當受騙，就算對方主動，你不為所動，對

方又能拿你怎麼樣呢？所以，這跟個人特質有關，有些人喜歡刺激挑戰，甚至很享受那種曖昧未明的關係，即便自己是已婚身分，仍然覺得只是逢場作戲，你情我願，雙方各取所需，出軌一下，沒人發現也沒關係。

但是過往太多的事實告訴我們，外遇通常都不會有太好的結果。外遇將會徹底破壞掉夫妻對於彼此的信任，想修復不是不行，只是絕對不會像之前一樣這麼容易。

所以千萬別把外遇想像的這麼簡單，過程中你可能很樂在其中，但隨著時間久了，你會發現問題大了，而且對於男人來說，在婚姻中要搞定一個女人（也就是老婆），就已經很不容易了，如果再加上一個、兩個、三個、甚至多個外遇對象，真的是庸人自擾，自找麻煩，講難聽一點，是自取滅亡。

因此要避免外遇發生，只要針對前面所說的兩個「為何會發生外遇的關鍵」自我警惕。

首先就是我說的「公務員」心態和行為。我從新聞界、主播台，到後來有一段時間轉戰演藝圈，五光十色的兩個圈子裡，充滿了許多優秀、面容姣好、身材曼妙的女性朋友，但多年來，我沒傳出任何緋聞的主要原因，就在於這個公務

員的心態跟行為。有工作，我就去錄影，收工了就回家，非必要的應酬就不去，光是如此，就大大減少了許多的「機會」。還有，先讓自己成為一個「絕緣體」，就算真的有人對你放電，因為絕緣，你也接收不到對方的電波，這是必須透過「人為開啟」的開關。久而久之，別人自然就會知道你是一個所謂的「不正常關係的絕緣體」。

一旦你選擇不當公務員，而用「業務員的心態和行為」到處拈花惹草是輕而易舉的事。每個人，不論男女，其實都可以選擇打開或關閉自己接受電波的雷達。也就是說，外遇不是不能，乃不為也，因為一旦為之，後患無窮。

所以，做一個單純的人，當個「公務員」而不是個「業務員」，我認為必能大大降低讓自己陷入外遇的可能。我常跟朋友說，單純的人即便在一個複雜的環境中，還是可以保持單純；但是一個複雜的人，即便在一個單純的環境中，還是可以把問題弄得很複雜。

另一個遠離外遇的解方，就是努力維繫和另一半的夫妻關係。雖然，婚姻中相處久了，不會像初戀時那般的充滿激情與浪漫，但是我相信，就算結婚多年，仍然可以在平日的

「不叫我們遇見試探。」

生活中，找到和另一半相處的新火花。良好的夫妻關係是對抗外遇最好的工具，因為關係穩固，就不會有破口讓外遇的誘惑和試探可以入侵。我也建議分隔兩地的夫妻們，遠距的生活型態不要太久，夫妻如果相隔太久，長時間不在一起，是會習慣這種「類單身」的。

　　當個婚姻中的公務員，雖然很無趣，至少對於婚姻的穩定是很安全的，也許有些人處理自己的外遇問題游刃有餘，甚至覺得沒什麼大不了，但至少在我所看到的例子中，有外遇問題的人，痛苦的比快樂得多。

看完後的小小練習

請想一想最容易讓你抵擋不住的誘惑和試探是什麼？然後看著鏡子對自己說一遍，並練習拒絕。

32

婚姻中的放風和放飛

　　我喜歡有留白的畫，因為我覺得一張色彩繽紛的畫雖然好看，但如果沒有一點點的留白，有時反而會給人一種壓迫感，讓人喘不過氣來。

　　婚姻生活也需要一點「留白」，我指的是夫妻各自的單獨時間（Me Time）。直接先講結論，Me Time 在婚姻中有兩點很重要，一是夫妻雙方都願意給對方呼吸自由空氣的空間；二是當彼此的 Me Time 相衝突時，夫妻又該如何協調、妥協、甚至是「願意犧牲」。

　　我們常用「如膠似漆」來形容夫妻感情的甜蜜程度，也

常常羨慕形影不離的夫妻檔，但是夫妻整天黏在一起，是好事嗎？那可未必。有句話說「小別勝新婚」，又說「有距離才有美感」，這些話同樣適合在婚姻生活，因為夫妻相處上，有時會因為彼此做事方法或觀念的不同，而產生摩擦，或某些事該如何協調分工，究竟是誰該配合誰，光這一點就要花時間好好溝通。

過了新婚的甜蜜期，接下來在朝夕相處的婚姻生活中，尊重對方的空間是很重要的。雖然兩人因為結婚成為一體，但並不需要因為結婚而完全放棄各自的朋友圈，適時地「放風」，讓另一半出去跟朋友聊聊天，喝喝茶，甚至規劃一趟旅遊，都有助於婚姻關係。因為結婚有了孩子之後，尤其是女性朋友，大多會以家庭為重心，把老公孩子放在首位，結果忽略了自己的需要，久而久之，應該屬於自己的時間，都犧牲奉獻給了家庭；這樣其實並不是很健康的狀態，因為人要付出愛，必須先從愛自己開始做起。就像坐飛機，萬一在空中遇到亂流，要先為自己戴上氧氣面罩，才有能力再去照顧旁邊的家人，是一樣的道理。

過去曾有一段日子，我接演了舞台劇，三天兩頭忙著排

練，Kelly除了要上班，還要負責照顧兩個孩子，好長一段時間，別說出門和朋友約會，或做她自己想做的事，就連出門買個東西，也都是匆匆去又匆匆回，真正屬於她自己的時間寥寥可數。

我和 Kelly 自從離開朝九晚五的新聞工作，成為自由媒體工作者後，後來一起創業開公司，又共同創立品牌，我們工作與生活幾乎是 24 小時在一起，這有好處，也有需要克服的挑戰，但我們會尊重各自的 Me Time，還有各自安排的朋友聚會。但在我們家，通常願意在時間上做出犧牲的多半是 Kelly，因為她總把我們的順位排在她自己之前。

我們家的狗兒子「寶寶」有一陣子突然因為疑似椎間盤突出，行動很不便，必須在家靜養觀察一個月。在那段醫生囑咐的關鍵期，24 小時都得有人陪在狗狗旁邊，避免牠「活蹦亂跳」，但問題來了，當孩子上學，而我們夫妻又都得出門時，該怎麼辦？於是我們決定當一人外出時，另一人就負責在家留守；若兩人同時都有行程就再協調。每天晚上，我們會依行程來決定隔天是誰待在家陪狗狗。

某天，Kelly 看到我隔天下午的行程是外出開一個例行事

務的會議，而同個時段則是她很早之前就和朋友約好的下午茶，於是她問我是否可以不出門留在家或改線上會議，我當下竟秒回「不行」，只因為我覺得我的工作比較重要，所以應該是 Kelly 要讓我出門。於是 Kelly 問我：「所以，你是要我取消跟朋友的約會嗎？」當下的氣氛一度很僵。

我氣呼呼地回到房間，心想我的會議也很重要啊，這時念頭一轉，想到一句話：「愛，是要做在對方的需要上。」對 Kelly 來說，她平時已經為了配合我跟孩子的時間，而犧牲掉許多她原本排定的計劃，難得跟朋友的下午茶又是很久之前就約好的，也不過就是喘息兩三個小時，如果我還堅持要出門，按照

我能順利完成 EMBA 學業，Kelly 的支持，讓我無後顧之憂，是最重要的關鍵。

Kelly 以往的做法，她還是會選擇推掉與朋友的約會。然後我又想到，之前我唸 EMBA 那三年期間，家裡所有行程，都是配合我學校的課表，以及以我已經排定的工作為優先，那時 Kelly 總是配合支持我，甚至推掉許多朋友聚會的邀約，但是她從來不抱怨。

我的心裡頓時有了答案。我走出房間，告訴 Kelly，請她放心去赴約，我負責留在家陪狗兒子。最後結果也皆大歡喜，我仍舊完成了會議要處理的內容，Kelly 則是開心地和朋友喝了下午茶，回家之後心情也變得好好。

這麼多年來，我和 Kelly 都保有各自單獨和朋友的聚會，她跟她的姊妹淘也會固定聚餐，幾年前，Kelly 還和高中同學一起到日本旅行，清一色的女生團，玩了四天三夜。而我，也有自己的弟兄會，每隔一段時間就會聚一聚。

這種規劃好的「放風」或「放飛」安排，會幫助我們暫時享受一個人的快樂，哪怕只有幾個小時，都覺得很開心，這對於維繫夫妻感情是有幫助的。但萬一遇到前面例子中所說的時間「強碰」，也會是一種很好的學習，因為對丈夫，就以我為例，在當下我更因此發現自己的「自私」需要好好

調整一下，畢竟婚姻中不可能永遠是一個人配合另外一個人，而應該是互相體諒，同理。Kelly 長期以來為了這個家，寧願捨棄對自己更好的安排，而這是真正的「捨己」。

因為疫情，我們已經有好一段時間都沒法出國旅遊，Kelly 說，之後有機會，她希望除了安排一趟家庭旅遊外，也希望能再規劃一次和女朋友的閨蜜之旅，坦白說，我是舉雙手贊成的，但我知道 Kelly 嘴上雖是如此說，但她的心裡還是放不下我跟孩子們，她就是這樣，永遠把老公孩子放在自己的前面。

看完後的小小練習

你也是很久都沒有單人放風或放飛嗎？寫下三件在你有機會放風或放飛時最想做的事情。

33

該死的更衣室門

　　婚姻生活中，會導致夫妻失和的，通常都不是什麼大事，而是很多不起眼的小事。以前聽到有夫妻為了牙刷在浴室裡面要怎麼擺，擠牙膏要從頭還是從尾開始，意見不合而吵起來，互不相讓又各持己見，最後乾脆離婚，覺得實在不可思議，但我後來發現，這種事情是千真萬確存在於婚姻生活中。倒不是這些小事有多麼嚴重，而是在這些小事的背後，突顯出我們彼此的價值、觀念和行為習慣，而且，常常透過一些小事，會讓我們一不小心就現出原形。

　　2022 年對我們家來說是重要的一年，因為這一年，我們

家換了一個新環境，搬新家了。

搬家是大事，所以裝潢花了不少的時間與精力，當然還有很多錢。裝潢好的新家，閃亮且簇新的模樣，讓人不自覺小心翼翼，好好「惜惜」。

不過，我們主臥室中更衣間的門因為設計上的問題，再加上組裝工程的狀況，導致一件「小事」，引發我們夫妻之間的大吵。簡單地說，在我們陸續整理東西準備搬入新家的那段期間，Kelly 為了讓新家具的氣味快快散去，就將所有的櫃子、抽屜盡量能打開就打開。結果有一天，當我們到了新家，突然發現更衣室的門打不開了？原來是被門後自動滑出來的抽屜給擋住，導致我們無法進入更衣間！

自責的 Kelly 急得像熱鍋上的螞蟻，而我和兒子兩人一整個上午試盡了所有辦法，就是開不了那道門！一度想找鎖匠，但這個狀況並不是門被反鎖，鎖匠來了是否能解決？就這樣，我和兒子一直和那扇門戰鬥到傍晚，終於用硬紙板拼成的一個像大型書檔的東西，塞進門縫中，然後慢慢地把門後卡住的抽屜推進去。真是感謝上帝，門總算打開了！

心中的大石頭總算落地，Kelly 開心地當場又叫又跳，不

過就在這個時候，當我看著門柱邊上的新漆因為開門過程而造成的磨損和掉漆，隨口說了一句：「早知道會這樣，幹嘛當初還要求工班施工小心一點！」

這句話頓時成為引爆地雷的引信！Kelly 覺得我把所有的過錯都歸咎在她「並非故意的不小心」上，而且我給她的感覺是：「門比老婆還重要」！

我們當場「激烈的溝通」，在場的兒子也試圖介入調停，安撫我們雙方的火爆情緒。之前，我們也爆發過大吵，我最後就會選擇離開現場，然後兩人就很有可能進入一段冷戰時期，少則一兩天，多則一兩週。還好當下 Kelly 的一句話提醒了我，她說：「我們可以選擇用以往的模式處理這樣的衝突，但是結果就會像以前一樣，彼此冷戰不講話好幾天，然後氣氛只會愈來愈僵。」

當下火氣也很大的我，一開始聽不進去，我走進房間，想一個人靜一靜，這時想到 Kelly 的提醒，如果我用舊有的方法來處理衝突，最後的結果就會跟之前一模一樣，但這個結果是不是我所想要的？如果不是，那麼我就必須用新的方法來處理衝突。

那新的方法是什麼呢？就是走出房間去跟 Kelly 道歉。雖然 Kelly 並不一定會接受我的道歉，因為她也正在情緒當中，但如果我不這麼做，接下來的發展一定就會像過去的衝突模式，我們會好幾天不講話。

於是，我決定走出房間，走到 Kelly 的旁邊，緊緊抱著她，跟她說，我很抱歉，是我錯了，還告訴她，「老婆比門更重要！」

然後我再把剛才安靜反省的過程告訴她，也謝謝她的提醒。最後，我們倆抱在一起，都掉下眼淚。很奇妙，我們迅速地恢復和好，一旁的兒子也全看在眼裡。

記錄下這篇文字時，我在想，如果我用的是另一種截然不同的反應，堅持就算冷戰也無所謂的態度，那麼結局一定完全不同，也會讓我們兩人都很難受好幾天。

夫妻在一起相處久了，尤其在衝突發生的時候，都會用習慣的模式來處理，但是有一些習慣的模式並無助於化解衝突，所以有時候真的得告訴自己，就算沒面子，也要嘗試用新的方法，因為從結果論來看，夫妻關係的和諧才是最重要的！

看完後的小小練習

想一想，在你們的夫妻關係中，有沒

有哪一些舊有的模式，往往導致不好

的結果？

如果有，那麼是否有新的方法可以嘗

試看看呢？

一張照片的殺傷力

（34）

　　有句話說，「魔鬼藏在細節處。」我和 Kelly 曾經因為一張照片而吵得不可開交，甚至一度陷入僵局，後來兩人溝通之後，我才終於知道這張照片後面所突顯出的嚴重性。

　　究竟是一張什麼樣的照片？

　　某次農曆年的假期，我們全家前往曼谷旅遊，在一處知名的購物景點，一家人悠閒地逛著街時，我拿出手機，吆喝了當時在一旁的全家人，看向鏡頭，喀嚓，拍下了一張全家福。因為是我拿著手機自拍，所以相片中，我在最前面，兒子站在我後面，再來是女兒，Kelly 則在最後面。

對我來說，那就是一張全家出遊的紀念照。

後來，我接受一家網路媒體的採訪，對方希望我提供幾張全家福的照片，於是我連同這張全家福也給了媒體。報導刊出後，我開心地分享在自己的粉絲專頁上，所以 Kelly 第一時間也看到了，並傳來簡訊；我原本以為她看到這一則報導會跟我一樣很開心，沒想到她竟然指責我「不尊重她」。

當下，我覺得一頭霧水，而且莫名其妙！

「何先生，請問，你傳照片給編輯之前，有先看過這些照片嗎？」（通常 Kelly 用「何先生」來稱呼我的時候，就表示事情不妙了！）

「當然有啊，這些照片都是我挑過，覺得還不錯的，妳覺得有什麼問題嗎？」

「你挑選過的？那請問你有發現其中一張照片，我的臉有一半以上都被遮住了嗎？」

我一聽，眼睛睜大，然後趕快點入這篇報導的連結，仔細一看，就是那一張在曼谷旅遊的家庭自拍照，照片中，Kelly 的臉被站她前面的兒子擋住了，只有三分之一的臉露出來。

糟糕！真的是我一時不察！

但沒想到我接下來問了一個更白目的問題：「所以呢？還是有露出一部分的臉啊！」這話一出口，Kelly 更是火冒三丈，她認為，這代表了我不但不尊重她，也不在乎她，這讓她非常生氣。Kelly 繼續向我表達她的感受，她覺得不被尊重是因為我在傳照片給雜誌編輯之前，沒有先把這些照片 po 在我們全家的 Line 群組上，讓她跟孩子先看過，並請問大家的意見，如果有人覺得不 OK 的照片，就要換其他張。而且，從照片中 Kelly 整張臉幾乎被遮住來看，她也認為在我的潛意識中，根本就不在乎她。

　　當時我聽到這些話，只覺得莫名其妙，心想，只是一張照片跟潛意識有什麼關聯？我覺得這根本是一種「不實的指控」。於是，我們展開了一段激辯，我強力否認她對我「不在乎和不尊重她」的指控。但在過程中，我試著同理 Kelly 的感受，她說的沒錯，因為這張照片裡不是只有我自己，還有 Kelly 和孩子們，所以提供給外界之前，是應該要先問過她和孩子的意見，我沒做到，所以是「不尊重」。

　　而這張家庭的自拍照，Kelly 的臉很明顯被遮住了三分之二，但我還是選擇了這張照片，代表了我並沒有站在她的角

度去思考，如果換成是我的臉被遮掉了一大半，我會怎麼想？所以，Kelly 說的沒錯，這的確是「不在乎」。

這件事提醒了我，我們很少站在當事人的立場，去想他們的感受，很容易因為這樣的忽略而傷害到兩人的關係和感情。也許這樣的問題在有些朋友的眼中，可能覺得是個小問題，不過這個問題卻突顯出我們常會忽略了另一半所在意的「點」，而這些被忽略的點背後所突顯的問題，也很有可能會成為破壞婚姻的因素。

後來，對於未經她和孩子同意就傳了照片這件事情，我向 Kelly 道歉，並趕緊請雜誌社的編輯將那張「半臉照」給刪除，重新提供另外一張照片。

在我們生活當中有許許多多時刻，都會遇到類似這樣的狀況，覺得是小事，但小事往往在提醒著我們需要注意並調整的態度和觀念，而不讓它們成為破壞婚姻的殺手。確實很不容易，但也就是因為這些生活中的大小事，讓夫妻透過一次一次的溝通，更加瞭解彼此。

題外話，說到拍照這件事，建議各位先生們，多看看網路上關於人物拍照的範例，做做功課，以免當太太要求你幫

她們拍照，拍出來的結果「慘不忍睹」時而被狂唸。另外，挑選跟太太的合照給其他的朋友，例如 po 到臉書或朋友群組之前，請「務必」先讓太座過目，因為你覺得「好看」的並不一定符合太太的標準。切記啊！

　　P.S 因為教訓而學到的「功課」，這次出書，書中所有照片，都已經先請 Kelly 過目並經過同意後使用，哈哈哈……

▎就是這一張照片，你是否也看出，有「很不對勁」的地方呢？

看完後的小小練習

試著從今天開始，在你分享任何有另
一半同框的照片或影片之前，都請另
一半先過目以表尊重。

35

誘惑，無法擋？

誘惑，抵擋得了嗎？答案可能見仁見智，因為有的人也許認為自己的定力夠強，就算面對誘惑，也能靠著強大的意志力抵抗，甚至戰勝。不過我自己覺得面對誘惑，任何人都擋不了，能夠一時擋得住，不是因為意志力夠強，而是因為誘惑還不夠大。如果您自認是可以坐懷不亂的柳下惠，那恐怕是高估了自己。

現今這個充滿多元價值的世界，不只是男人，女人也同樣面臨了許多的誘惑。而對婚姻具有殺傷力的誘惑，當然就是指男女兩性之間的感情問題。

有一次，我遇到一位曾經在八卦週刊當狗仔多年的記者朋友，他告訴我，他當狗仔時曾經跟蹤偷拍我，而且時間長達一年之久。我的第一個反應是，「哇，我怎麼都沒發現？」接著問他，「跟拍了我一年下來，有沒有發現什麼？」結果他的回答是，「你的生活真的很乏味。因為，下完班之後幾乎就是回家。」（有個小插曲，這位狗仔跟著我沒拍出什麼名堂，沒想到跟拍的過程中，卻意外拍到了另外一位主播的感情糾紛。）

　　舉上面這個例子，並不是想表達我面對男女感情的問題有多麼了不起，或是強調自己的定力有多厲害，只是想說，因為我知道誘惑實在太可怕，再加上很清楚知道自己面對誘惑的抵抗力，絕對不像我自認的這麼強，所以乾脆先設定好界線，讓自己盡可能不要有接觸到誘惑的機會。

　　我在演藝圈有很多機會去上節目，也因為這些機會，在工作中可以認識許多俊男美女的藝人朋友，也就是在我工作的場域中，不管是節目錄影的通告，或是許多大大小小的主持現場，我都可以遇到許多漂亮美麗的女生。

　　你可能會問，我看到漂亮女生會不會多看一眼？答案是肯定的，人對於美的事物總會想多看一下，這很正常，但是

▌這張堪稱我們夫妻婚紗中的「經典」！提醒
大家，萬一誘惑出現，記得「酷酷以對」，
然後～快閃。

欣賞美麗，跟是否會進一步行動是兩碼事，重點就在於「界
線」，也就是不逾矩。尤其我很清楚知道自己是已婚的身分，
而且別人也知道我已婚（其實表明自己已婚，會省去不少的
麻煩），所以當我結束錄影或主持工作時，很少會繼續逗留
在現場認識朋友或找人交談，除非是已經熟識的朋友，否則
大部分的時候，錄影一結束我就離開，繼續趕往下一個行程

或是往回家的路上。也就是如此，我不太有機會接觸到潛在的誘惑。

當然，我會因為工作而認識一些女性朋友，也都有她們的手機號碼或是 Line 之類的通訊方式，但這並不代表我會主動甚至隨時跟她們聯絡聊天，因為這也跟界線有關。當你成為一個「有界線」的人，或者說是一個在兩性關係上有原則的人，久了，其他人就會非常清楚知道你在男女兩性上的交友原則。

有些朋友可能會認為現在的觀念不同了，就算你坐懷不亂，甚至不主動，但是遇到了主動又積極的女生，那該怎麼辦呢？解決的方法也不太難，就是把你的「天線」收起來就好，當對方釋放訊號，散發電波的時候，只要你不接收就沒事了。通常會出事的，都是因為開啟雷達，接收電波之後又回送訊號的人，所以會不會陷入誘惑的陷阱，純粹得看當事人是不是願意把自己放在這樣的險境當中。

這讓我突然也想到，身邊有些朋友有所謂的青衫之交和紅粉知己，甚至會有乾哥哥、乾妹妹之類的人際關係，這種乾兄弟姐妹的關係好不好？其實關鍵在於，你的另一半在不在意？還有換位思考，如果你的另一半有這些乾兄弟姐妹，

你會不會在意？如果都不會介意，就無妨；但如果會介意，就避免，因為你和另一半的關係才是最重要的！

除了生活實境當中的誘惑之外，網路上虛擬世界的誘惑也是何其多，很容易一不小心就掉入只能滿足眼目情慾相關的誘惑，像是色情網站、交友軟體等，這裡面可能充斥著一大堆的「木馬」等著隨時攻陷你的心。

在婚姻中的我們只要稍一不留意，就很容易讓上述這些誘惑成為破壞婚姻的殺手，尤其當夫妻之間的關係出現破口的時候，這些誘惑就像是侵入傷口的細菌一樣，很容易就會造成「感染」威脅，甚至有更大的危險。

面對誘惑，我自己也無法保證一定能夠抵擋得了，所以我的方法是，當我知道自己可能遇到誘惑的時候，採取的動作就是拔腿就跑，而不是自誇自己絕對有定力，可以深陷其中而不為所動，因為人性都是軟弱的，我很清楚知道自己抵抗能力的程度，誘惑來了，趕快先閃就對，讓自己沒有任何面對的機會。如果來不及閃躲，面對誘惑當前，就是讓自己想辦法「轉移注意力」到別的事情上，閃開在當下你所面對的誘惑。

另一方面，就是努力加強自己和另一半的感情，因為當

「不教我們遇見試探。」

在婚姻中的我們，彼此的感情愈穩固愈堅強，就愈不會有可趁之機的破口出現，也就不會有任何餘地給隨時都可能出現的誘惑或是讓其他人介入。

看完後的小小練習

如果此刻的您，正陷入情慾的試探和誘惑中，先靜下心來想想看，因為這些試探誘惑而導致的所有可能「最壞狀況」和「結果」是什麼？

36

因為性福，所以幸福

　　不知道會不會有許多人看到目錄後，先翻過來看這一篇，如果是，其實也滿好的，因為表示大家都很在意這個問題。

　　我先說重點，**第一：夫妻之間的性生活很重要。**不過這個性生活必須擴大解釋，是指平日夫妻的親密關係，舉凡牽手、擁抱、親吻等都算，並不是很狹隘的只單指夫妻的床笫之事。但是親密關係被許多夫妻長期忽略，甚至因為尷尬就避而不談，這對婚姻是不健康的。

　　第二：婚姻中的親密關係，如果出現問題，夫妻其實需要一起面對，並且共同想方法解決，而不是逃避。如果是因

為心理問題，其實可以透過許多坊間的心理諮商，瞭解問題的癥結；如果是生理問題，那就比較簡單，但還是必須去面對，去求診就醫。現在醫學發達，生理上的問題大多有可解決的方法。

第三：夫妻之間對於另一半在性方面的需要，不應該把它當成懲罰對方的工具，因為這很可能會造成婚姻的破口。
古人說「食色，性也」，人有諸多的欲望，食欲跟性欲都是其中之一，肚子餓了會想吃東西，有生理需求會想發洩而求得滿足，也很正常，所以，夫妻之間的性生活，除了因為生兒育女的使命之外，也可以解決彼此在性方面的需要。不過，男人女人對於性生活的態度並不同，即便是婚後，男人通常是屬於視覺和聽覺型的動物，性除了滿足生理需要之外，也代表了一種自我肯定，簡單來說，就是有一種「征服感」。但是對女人來說，感覺很重要，所以多半是為愛而性，情緒和氣氛對了，才會有接下來進一步的發展，比較不會為性而性。

我們結婚 21 年來，至今仍有很健康的親密關係以及很穩定的性生活，我認為這對我們的婚姻關係有很大的幫助。婚姻中，你和另一半願意結合，代表你們的關係是在一種非常

好的程度下，我相信應該沒有人在關係很惡劣的情況下，還能和另一半發生親密行為，親密行為一定是在雙方感情都很好的情況下才能彼此滿足。

一位朋友曾和我分享，他父母到了七、八十歲，仍然有夫妻間的親密行為，當時我聽完睜大眼睛，覺得不可思議，後來想想，其實是很正常的，也許這位朋友的父母的親密行為可能擁抱或親吻多於實際的性行為，而就算有實際的性行為又如何？他們年紀這麼大卻仍然欣賞並需要彼此，是多讓人羨慕與佩服啊！

夫妻的性生活，最重要的是尊重和體貼對方，尤其是丈夫要努力學習。男人天性是用下半身思考，但是婚姻讓我學習到的是尊重另一半的感受，當太太說不想或不要的時候，就是真的不想或不要，勉強不得。不想或不要的原因有很多，有時是身體不舒服，有時候可能是太累，或是壓力太大，或是正好沒那個 fu，這時候尊重她的意願，同理她的感受，就算沒有親密行為，你的體貼卻能滿足彼此之間的親密感，為下一次預備。如果做丈夫堅持要對方配合你，有時反而會適得其反，甚至吃閉門羹，而且更突顯出了你自私的一面。

「按摩」是我們夫妻增加親密關係，最常做的事情。按摩可以讓對方放鬆身心，舒緩全身緊繃僵硬的肌肉，是培養感情和氣氛很好的方式。同時，觸摸是一種很好的催化劑，對於丈夫來說尤其重要，因為這代表了丈夫願意透過按摩先對妻子付出，而不是叫妻子先滿足自己。先付出才會有所得，同樣可用在夫妻之間的親密關係上，而且附加的好處是，丈夫的按摩手技會愈練愈好，像我就是從亂按一通到現在可以針對穴位痛點，讓 Kelly 的身心都感受到放鬆與舒服。這一點真的要謝謝 Kelly，因為按摩這一招也是她提醒（教）我的。

　　從一個正面的角度去思考，一個男人結婚很多年對妻子在性生活上還是有所需要，表示妻子對於丈夫仍然具有吸引力，結婚多年的夫妻也許不比當年熱戀中的小情侶，但是仍然擁有親密行為，表示另一半依舊有魅力，也讓對方覺得自己有被需要的感覺。

　　性對夫妻很重要，但是千萬不能拿來當作懲罰對方的手段。曾經聽過一些案例，關係不好的夫妻常用分房和拒絕親密行為，來表達對另一半的不滿，結果兩人愈來愈疏離，關係也變得冷淡，就很容易成為婚姻破裂的原因。如果這時剛

好又有第三者介入，就很容易發生出軌外遇等無法挽回的後果。當然，在婚姻中夫妻所面臨的摩擦或問題有許多原因，而這些原因都很可能會影響到夫妻之間的親密行為，所以當親密關係出現障礙，夫妻兩人還是必須先共同面對問題，然後找到解決方法，才是根本之道。

　　我希望也期許我自己，能夠成為一個在親密關係上可以一直滿足妻子的丈夫，但如果真的有一天，萬一發現自己功能失調，我想我們夫妻也會一同努力想辦法解決問題，性雖然不是婚姻的全部，但也不要小看它對於婚姻的影響，根據非正式的統計，現在社會中的無性夫妻為數不少，當激情轉為只剩下親情，有性福更能幫助小倆口重燃愛火，也會有更多的幸福。

看完後的小小練習

想重新恢復親密關係急不得，因為氣
氛和情緒都需要慢慢培養，不妨從找
個適當時機，請另一半先約個小會開
始囉！

37

老婆是隊友，不是對手

　　我竟然曾經把 Kelly 當成我的對手，而不是我的隊友。有沒有搞錯？我也在想自己當時為什麼會這樣？後來才找到答案，我想可歸納成兩個原因：幼稚、自私和自卑心理。

　　我和 Kelly 同為媒體人，都從事新聞工作許多年，可是我們有一個「不同台」的默契。這個不同台的意思是指不在同一家公司任職，更別說是在同一個部門工作。後來想，這可能是因為我怕被比較，而且擔心有所謂的「班對效應」。

　　不過，上帝的安排實在很奇妙，在我們都離開新聞工作多年後，祂竟然把原本刻意不同台的我們，放在一起共事。

後來，我和 Kelly 一起主持電視節目，而且一合作就將近 5 年之久，超過上千集。直到現在還是會遇到許多觀眾朋友，對於我們當時合作的默契，表示欣賞與喜愛。那時好消息電視台邀請我和 Kelly 一起主持一個家庭節目，因為是家庭節目，電視台希望由夫妻一起主持比較適合。收到邀約後，我們都覺得這是一個很美好的服事機會。加上我們已經一起主持過許多場活動，不用擔心默契；但是又想，這算是我們首次螢幕前的合作，真的要一起成為主持搭檔，長期共事嗎？後來我們禱告都有感動，便答應接下節目。

沒想到，在節目試錄的前一晚，我們大吵了一架，原因是眼看隔天就要錄影，錄影腳本早在幾天前就已經收到，但我卻沒有找時間和 Kelly 討論，錄影當天我們該如何分工。雖然對 Kelly 來說，我們一起主持並不陌生，但是第一次搭檔主持電視節目，難免感到緊張與壓力，但我卻一副老神在在不在乎，也完全沒有要跟她事前先蕊稿（rehearsal 排練）的樣子。記得那個晚上，她非常生氣，甚至放話說隔天不錄影了。現在回想，我覺得她當時是難過比氣憤多。後來我們在討論這件事情時，她也說明當時因為感受壓力，可是卻又無奈才會

生氣的情緒。對我而言，我認為我們平時已經養成充足的默契，而且主持講求臨場反應，就算事先對過稿，還是有可能在現場撞擊出不同的火花和效果，當時我真的完全沒有站在Kelly的立場去為她著想。

雖然前一晚兩人起了大爭執，隔天我們還是準時去錄影了（總不能害節目開天窗）。第一集試錄完之後，效果出奇的好，Kelly的表現超乎所有人的預期，自然不做作，犀利又精準（其實她一向如此）。就在工作人員此起彼落稱讚Kelly表現好的同時，我不自覺地擺出一副臭臉，好像有什麼不開心的事。但Kelly顯然知道我的心裡在想什麼，她很清楚「我在吃味」，但是她並沒有因此而影響到情緒。

第二場即將開錄時，我們站在佈景門後面等待進場，突然彼此相望，我看到Kelly用唇語對我說（因為麥克風已經打開，我們不能

■ 這張照片是當年節目首錄日的珍貴回憶。夫妻一起「共事」，共同主持節目，是我們從未想過的事，卻幫助我們在關係中突破成長。

出聲）：「我在為你禱告。」當下我覺得十分羞愧，我竟然在跟自己的太太做比較，把她當成我的對手，而忘了她其實是跟我一起並肩作戰的隊友。

現在想起當時情景，還是覺得當時的自己真的很幼稚！

夫妻應該是命運共同體，在同一條船上，也是同一隊的隊友，因為是隊友，所以彼此會支援掩護，一起合力完成共同的任務。如果在一個隊伍中，只為一己之私，凡事都只為自己想，最後不但無法達成團隊的目標，也無法成就個人。

在一個家的團隊中，老婆絕對是「自己人」，所以把老婆當成對手，真是非常愚蠢的行為。因為是一個團隊，所以團隊中的任何人得到稱讚，等於整個團隊得到成長，也就是當太太被人誇讚的時候，你也同時得到了榮耀，因為榮耀是共享的，更何況夫妻本來就是互相幫補，彼此尊榮，使一加一不止等於二，而是大於二。當其他人稱讚自己的太太／先生，也等於稱讚了你，表示你的眼光如此好才能有這樣一位好妻子／好丈夫。

夫妻之間實在沒有什麼好比較的，也許是因為我們長期處在一個永遠要跟別人競爭的環境下，養成了一旦贏不過別

「我的佳偶，你全然美麗，毫無瑕疵！」

人，就容易產生自卑的心理，即便進入了婚姻，仍然不小心就把另一半當成比較的對象。後來我領悟到，就算你的另一半比你優秀又如何，這反而代表你很有福氣，能夠有一位優秀的另一半成為你的幫助，這何嘗不是一種幸福？

Kelly常常跟我們的兩個孩子分享，我們家就是一個團隊，所以我們家叫「The Ho Team」。在團隊中，只有大家各司其職，分工合作，發揮團結精神，才能夠幫助團隊獲勝。夫妻兩人也是一個團隊，你的另一半就是你的隊友，絕非你的對手，所以，請千萬別像我，錯把自己的「神隊友」當成了對手。

看完後的小小練習

現在就列出三點，你覺得另一半比你更優秀的特點，然後找個機會告訴他／她，並謝謝他／她成為你的神隊友。

38

兩人三腳靠默契

大家從小到大應該玩過兩人三腳的遊戲或比賽吧？真的沒玩過？簡單來說，就是同為一組的兩人，並肩站在一起，然後將靠近彼此的那隻腳用繩子綁起來（你的右腳和他的左腳，或是他的右腳和你的左腳），所以，當聽到哨聲響起，往前起跑時，兩個人必須用自己沒被綁住的那一隻腳，和被綁住的那隻「二合一」（共同）的腳，用最快的速度（走或跑）到達終點，完成比賽。

玩過這個遊戲的朋友都知道，過程當中，狀況百出，有的只往前走（跑）了兩三步，就被隊友絆倒；有的剛開始起

步很順，不過跑了一段路，就因為隊友的節奏改變而摔倒，既快速又有默契完成比賽且獲勝的人，除了有絕佳「默契」外，也靠堅強的「士氣」。

我覺得在婚姻中的夫妻兩人，也很像「兩人三腳」中的隊友，有共同的目標，就是向著終點前進，完成比賽。但是上場前得先培養好默契，在場上還必須把好默契發揮出來，一個口令一個動作，而且兩人的動作必須接近一致，更要搞清楚，聽到口令的當下，要跨出的是你的右腳和他的左腳（或他的右腳和你的左腳）。除了清楚口令，還有一個很重要的小動作，兩人必須抓住對方的肩膀，緊密地肩並肩前行；這個動作很重要，如果忽略了，你會發現，就算口令清楚，但在前行的過程中，因為彼此的擺手動作不一致，很容易就會讓兩人腳的動作也不一致。基本上，就像是一對連體嬰，互相連結融入的最高境界，就能展現「兩人成為一人」的絕佳默契。

有了默契還不夠，其實兩人三腳的致勝關鍵是「士氣」；夫妻之間也是，士氣是幸福致勝的祕訣。兩人三腳遊戲的過程中會出現許多意外狀況，像是隊友的節奏突然跟不上你，

也可能是你跟不上對方的腳步，這時候怎麼辦？管他的！反正繼續往前跑就對了，可以嗎？可以，但一定撐不了太久。所以，當你發現隊友的節奏慢了下來，你必須學會自己也放慢速度等待他一下，然後鼓勵他，慢慢地再調整回原先的速度。

還有一個狀況是，跑著、跑著，隊友（或你）摔倒了，連帶的使你（或隊友）停下來或跟著摔倒，這個時候，士氣更重要！很多人遇到這個狀況，通常會開始抱怨，甚至責罵對方拖累了自己，讓比賽輸掉；要不就是催促著對方趕快站起來，繼續跑，然後一邊跑一邊繼續罵；如果是這樣，我可以跟你保證，就算最後兩人完成比賽，也拿到優勝，但彼此的關係肯定已經受到影響。

過程中跌倒了，沒關係，要記得先關心對方有沒有受傷，然後再告訴對方，「我幫你站起來，調整好步伐，我們再一起繼續跑就好。」

這就是我說的「士氣」，有這種士氣，就算這次比賽輸了又何妨？以後肯定還有很多機會。人生很長，婚姻當中的「比賽」何其多，比的就是看誰在婚姻中的氣長，這個氣就

💜「凡事謙虛、溫柔、忍耐，用愛心互相寬容，用和平彼此聯絡，竭力保守合而為一的心。」

是「士氣」。好的士氣是會蓄積的，它能幫助夫妻成功挑戰婚姻中一個又一個關卡。

最後，想說的是，默契和士氣都不是渾然天成，而是必須透過後天慢慢訓練和培養而成。回想我和 Kelly 結婚 21 年來，有好多時候，我們會以為自己很認識（瞭解）對方，結果卻完全不是這麼一回事！也就是在這樣一次又一次的磨合中，以及磨合中的溝通，讓我們夫妻的默契愈來愈好，慢慢地愈來愈能從對方的一個眼神就知道彼此的心意。在這條長長的婚姻馬拉松路上，不小心摔倒了，沒關係，鼓勵多一點，因為我們都知道前方的路很長，還要繼續一起走下去。

夫妻關係能成為一個「同心圓」是最理想的狀態，兩人合而為一，同為一體。但這真的不容易，婚姻生活中，常會出現「兩人三腳」的考驗跟磨練，別擔心，比賽愈多也會愈有經驗，知道如何去面對種種的衝突與狀況，而我們要做的，就是努力跟「隊友」培養默契，以及先主動成為在兩人團隊中提升士氣的那個人。

看完後的小小練習

夫妻之間，每次一定要有一個人當啦
啦隊，但不能總是固定由同一個人擔
當，所以請先想想你可以用什麼方法
為另一半加油打氣呢？

加油！一起努力跑完
這場幸福馬拉松

先謝謝你，願意看完這本書。

不管你是從頭到尾看完的，還是挑著看，跳著看，或是直接跳到這一篇，希望你能明白，這本書不只是為了在婚姻中的夫妻所寫，我希望更多未婚單身的朋友有機會看到，希望你們看了書之後，瞭解了婚姻的真實，但是卻對真實的婚姻不那麼懼怕，仍懷有盼望。而對於即便已經不在婚姻中的朋友們，我想告訴你們，或許，你已經覺得一個人的日子也挺好的，但將來你會不會可能再進入兩人世界的生活，誰知道呢？

幸福的婚姻，真的必須靠雙方都願意用心、用功地經營，而且願意先從「改變自己」，而不是改變對方開始做起。人，很難改變，婚姻就是幫助我們改變的一種方法，而另一半也是在這個改變的過程當中，和我們一同成長。

跑過馬拉松的朋友應該知道，能夠一直跑到終點有幾個關鍵要素：「事前的鍛鍊和訓練」、「堅持不放棄的意志力」、「調整找到最適的速度」、「有伴一起跑，絕對比一個人跑得久與跑得遠」。

婚姻就像一場精彩的馬拉松。

在你上場（準備結婚）之前，你得盡量先做好所有相關的準備功課，參考那些有經驗的過來人的建議，多學習吸收相關有用的資訊，甚至上課，讓自己不管是身體或心智上，先成為一個「準備好」可以上場的人。

上了場（進入婚姻），真實的挑戰必定接踵而來，如同跑馬，前段輕鬆，但會愈來愈感到有壓力，這很正常，你需要的是一個成熟且強大的心智，堅強的意志力，告訴自己撐下去，過程中一定會出現非常多次想放棄的念頭，放棄永遠是最容易的，可是一旦放棄，你過去所有的努力就白費了。

所以，在面對艱困的那一段路程中，告訴自己，繼續跑下去，往前多跑 1 公里，就離終點又接近了 1 公里，努力的去想那些不讓你輕易放棄的點點滴滴，你就會發現好像又重新有了動力，可以再繼續地往前跑。

我擔任《新娘物語》的專欄作家多年，也曾經訪問這本雜誌的創辦人夫妻——謝冠雄先生和伍安怡女士，請問他們維繫了 40 多年婚姻的祕訣。我記得謝哥用了一個跟運動有關的比喻，他說，婚姻，夫妻兩人就像是一起爬山，不斷往上向著目的地攀爬，登頂當中，會有放慢速度，甚至可能迷失的時候，這個時候，停下腳步，甚至一起往回走，回到之前的路上「做記號」，休息一下；這些記號就是在婚姻中兩個人曾經共同擁有的美好時刻，像是兩人一起打拚來的第一間房子、第一個孩子出生、一起去參加孩子的畢業典禮，這些美好回憶都會讓兩人又能有重新再往前走的動力。

休息片刻，整頓好，再出發，還是一起走。

婚姻這一場馬拉松，兩人的跑速也要記得彼此配合。跑得快的，記得要放慢速度，別只顧著自己一個人往前衝，等一下你的另一半，陪著他 / 她一起跑，甚至還可以慢慢地帶

領著另一半加快腳步。跑得慢，別著急，但也不能一直龜速地讓另一半一直在等待，適時地加速，雙方就在彼此協調的節奏中，找到兩個人最舒服的速度，亦步亦趨地往終點前進。

　　一個人可以跑很快，但是兩個人一起跑，可以跑得很久也很遠，在婚姻的馬拉松中，身邊的伴很重要，因為有時候你以為是你在等她，但卻很有可能反過來是她在等你，在這一趟一起跑的旅程中：因為有伴，不但不會孤單，更發現跑著跑著就跑完了全程，到達終點。

　　馬拉松不好跑，婚姻馬拉松更是沒有想像中容易，很多人在過程中，會因為各種不同的狀況和因素，有的因為人，有的因為事，而決定棄賽，前功盡棄，真的很可惜，若能努力堅持到底，通過終點的那一刻，就會感到所有的汗水和淚水、一切的辛苦都值得了！

　　這場婚姻的幸福馬拉松，我跟 Kelly 目前還在賽道上，還在一起繼續並肩往終點邁進。各位跟我們同在賽道上的跑友們，加油！我們互相打氣，彼此勉勵，相信我們大家一定可以一起到達終點線。

▍婚姻中，人生裡，難免出現高低起伏，但不論順境或逆境，只要有「愛」，就能
克服一切挑戰。

後記

想對岳父說的話……

親愛的秋能爸爸：

非常謝謝您，在我只是一個初出茅廬的社會新鮮人，功未成名未就，一無所有的那時，就願意把您寶貝女兒的一生託付給我。

至今我仍記得和 Kelly 結婚那天，我們跪在您和粉媽（我岳母）面前，拜別父母謝親恩時，您只是簡單地告訴我，「做人的尪，就是要負起責任把厝（家）顧好，照顧好老婆和小孩就夠了。」其他的，您沒再多說。

您就是最好的身教！

我以前就常常聽 Kelly 分享，您一輩子努力為著自己的家

打拚，把家照顧好，幾十年的婚姻中，雖然不時會跟粉媽一來一往鬥嘴鼓，但您始終忠於您們的婚姻，疼惜太太和三個孩子。我想，您對自己家庭的保護與付出，就是值得我學習的最好榜樣了。而您的女兒也跟您一樣，為了我們的家犧牲奉獻，永遠把家人放在第一位，我能有現在的一點小小成績，她是幕後的最大推手。

記得第一次跟著 Kelly 登門拜訪您和粉媽的那天，我忐忑不安，想著見到您們的面時，應該如何讓您們對我留下好印象，也同意並放心我和 Kelly 的交往。等見到您的面，我才知道所有擔憂都是多餘的，因為您對待我非常客氣，更多的是關心，就是一位慈愛的長輩。當您知道我不太會講閩南語，就用閩南語夾雜著國語，甚至直接用台灣國語跟我交談，而我只能以僅知又生澀的閩南語跟您對談，聊到讓 Kelly 聽不下去的說，「你們用彼此習慣的『母語』說話就好了啦。」哈哈！現在回想起當時，還是覺得非常有趣。

我很喜歡陪著您一起看電視的政論節目，聽您滔滔不絕的議論時政，發表對社會問題、一些人事物的看法，甚至當場幹譙起一些您覺得很離譜的現象，我都聽得津津有味，也

很慶幸我們的看法跟立場都非常相似。從您在言談間所分享的價值觀，我深感您是一位充滿正義感，堅持公義，是非分明的人。Kelly 在這部分真是像極了您，對於不公不義之事，她總是會打抱不平，甚至有時候還會跳出來仗義直言。

　　謝謝您教出一位做人處事都很有原則，清清楚楚，明明白白的女兒，我常常可以從她身上學到好多東西。而我相信這些觀念和價值都是源自於她的家庭，來自她的父母，也就是您和粉媽。

　　謝謝您在我們結婚後，仍非常疼愛我這個女婿，甚至在我們小倆口鬧脾氣或吵架時，不是先檢討教訓我，而是先請 Kelly 反省，希望我們趕快和好。Kelly 現在也常會提醒兩個孩子，您的兩個寶貝外孫，阿公以前告誡她的「吾日三省吾身」的重要。

　　後來您生病時，我和 Kelly 帶著孩子回娘家與您們同住，當時我們夫妻的工作忙碌，與您們的生活作息很不同，可是您們從來不給我們壓力，也不會叨唸我們，反而總是心疼我們工作的勞碌，提醒我們要注意健康。每一次送您到醫院看診，我都會回想起自己小時候和父親相處的短暫卻快樂的時光，也慶幸我能有一位非常疼愛我的岳父。至今，我仍很感恩，

曾經與您在同一個屋簷下生活過。

　　您在天上已經多年，我相信您一切都安好，也在冥冥中守護與祝福著我們。雖然跟您相處的日子不算很長，但我認為當時的許多片刻，都極其珍貴且難以忘懷。

　　謝謝您願意相信我，把 Kelly 交給我，請您放心！我會一直記得您所交代的，把家顧好，就像您做的最好示範，不用太多的大道理，努力做到就是。

　　除了無限的感謝，最後，想對您說的是，我們都非常想念您，也相信將來有一天，我們會再相見。

▌秋能爸爸請放心，我會努力牽著 Kelly 的手一直走下去。

國家圖書館出版品預行編目資料

幸福馬拉松：關於愛與婚姻的練習 / 何戎著. -- 一版. -- 臺北市：商
　周出版：英屬蓋曼群島商家庭傳媒股份有限公司城邦分公司發行；
　2022.12
　　面；　公分. -- (View point；108)
　ISBN 978-626-318-357-5(平裝)

1.CST:婚姻 2.CST:兩性關係 3.CST:家庭關係

544.3　　　　　　　　　　　　　　111010216

線上版讀者回函卡

ViewPoint 108

幸福馬拉松——關於愛與婚姻的練習

作　　　　者／何戎
照 片 提 供／何戎、LINLI BOUTIQUE林莉婚紗、陳柏林、GOOD TV好消息電視台
內頁邊欄插圖／何鍇
企 劃 選 書／黃靖卉
責 任 編 輯／彭子宸

版　　　　權／吳亭儀、林易萱、江欣瑜
行 銷 業 務／周佑潔、黃崇華、賴正祐、賴玉嵐
總 　 編 　 輯／黃靖卉
總 　 經 　 理／彭之琬
事業群總經理／黃淑貞
發 　 行 　 人／何飛鵬
法 律 顧 問／元禾法律事務所　王子文律師
出　　　　版／商周出版
　　　　　　　臺北市 104 民生東路二段 141 號 9 樓
　　　　　　　電話：(02) 25007008　傳真：(02)25007759
　　　　　　　blog: http://bwp25007008.pixnet.net/blog
　　　　　　　E-mail：bwp.service@cite.com.tw
發　　　　行／英屬蓋曼群島商家庭傳媒股份有限公司城邦分公司
　　　　　　　臺北市中山區民生東路二段 141 號 2 樓
　　　　　　　書蟲客服服務專線：02-25007718；25007719
　　　　　　　24 小時傳真專線：02-25001990；25001991
　　　　　　　服務時間：週一至週五上午09:30-12:00；下午13:30-17:00
　　　　　　　劃撥帳號：19863813；戶名：書蟲股份有限公司
　　　　　　　讀者服務信箱：service@readingclub.com.tw
　　　　　　　城邦讀書花園 www.cite.com.tw
香港發行所／城邦（香港）出版集團
　　　　　　　香港灣仔駱克道193號東超商業中心1樓_ E-mail：hkcite@biznetvigator.com
　　　　　　　電話：(852) 25086231　傳真：(852) 25789337
馬新發行所／城邦（馬新）出版集團【Cite (M) Sdn Bhd】
　　　　　　　41, Jalan Radin Anum, Bandar Baru Sri Petaling, 57000 Kuala Lumpur, Malaysia.
　　　　　　　電話：(603) 90563833　傳真：(603) 90576622　Email：services@cite.my

封 面 設 計／張燕儀
排 版 設 計／林曉涵
印　　　　刷／中原造像股份有限公司
經 　 銷 　 商／聯合發行股份有限公司
　　　　　　　新北市231新店區寶橋路235巷6弄6號2樓電話：(02) 29178022　傳真：(02) 29110053

■2022年12月6日初版一刷　　　　　　　　　　　　　　Printed in Taiwan
■2023年1月10日初版3.2刷
定價380元

城邦讀書花園
www.cite.com.tw